सिंहासन बत्तीसी

जयवीर सिंह यादव

लव-कुश पब्लिकेशंस, नई दिल्ली

ISBN : 978-81-923539-8-2

प्रकाशक

लव-कुश पब्लिकेशंस

4760-61, द्वितीय तल, 23 अंसारी रोड,

दरियागंज, नई दिल्ली-110002

मूल्य : 495.00

संस्करण : प्रथम 2022

कला-सज्जा : विनायक प्रिंट मीडिया सर्विस, मेरठ

मुद्रक : बी०के० ऑफसेट, शाहदरा, दिल्ली-110032

SINGHASAN BATTISI By : Jaiveer Sing Yadav

प्रस्तावना

इस पुस्तक में महाराजा विक्रमादित्य के सिंहासन में निवास करने वाली बत्तीस पुतलियों द्वारा कही गई अनमोल कथाएँ वर्णित हैं। इन कथाओं के माध्यम से राजनीतिशास्त्र, धर्मशास्त्र एवं समाजशास्त्र का ज्ञान देने का प्रयास किया गया है।

ये लोककथाएँ पाठकों के द्वारा इनती पसंद की गई हैं कि इनका दुनिया की अनेक भाषाओं में अनुवाद किया जा चुका है।

उन दिनों महाराजा भोज उज्जैन नगरी में राज्य करते थे। महाराजा भोज के विषय में उनकी प्रजा की धारणा थी कि वे एक नीति-निपुण, आदर्श, न्यायी तथा धर्म सहिष्णु राजा थे।

उस समय के राजाओं में कोई भी उनका मुकाबला नहीं कर पाता था। अपने राज्यकाल में उन्होंने अपनी प्रजा को कभी कोई कष्ट न होने दिया था। वे उनके प्रत्येक दुःख-सुख का ध्यान रखते थे।

राजा भोज के दरबार में एक सेवक आकर बोला, "महाराज नगर के बाहर एक टीला बना हुआ है जिस पर एक बालक बैठकर न्याय की बातें करता है। इस रहस्य को नगर के लोग भी भली प्रकार जानते हैं। अवश्य ही उस टीले में कोई रहस्य छिपा है। राजा ने सेवक की बात पर गौर किया तथा इस विषय में विद्वानों तथा ज्योतिषियों से विचार-विमर्श किया। गंभीर चिंतन-मनन के बाद टीले की खुदाई का आदेश दे दिया गया। इस रहस्य को जानने के लिए इसके अतिरिक्त कोई दूसरा उपाय भी नहीं था।

गहरी खुदाई के बाद मजदूरों को एक राजसिंहासन जमीन में गड़ा दिखाई पड़ा। खबर पाते ही वहाँ राजा भोज आ पहुँचे। इसे देखकर उनके आश्चर्य का ठिकाना न रहा। वह सिंहासन कारीगरी

का बेजोड़ नमूना था। इस रत्न-जड़ित सिंहासन के चारों ओर आठ-आठ पुतलियाँ निर्मित थीं, जिनके हाथों में एक-एक कमल का सुंदर फूल शोभायमान था। जैसे ही राजसिंहासन की धूल-मिट्टी साफ की गई, उसकी खूबसूरती में मानो चार चाँद लग गए।

राजा ने सिंहासन को उठाकर राजमहल में पहुँचवा दिया। जिसने भी इसे देखा, मुक्त कंठ से प्रशंसा की। राज-ज्योतिषियों से मुहूर्त निकलवाया गया। शुभ मुहूर्त में उन्होंने सिंहासन पर बैठने हेतु पग बढ़ाया ही था कि सभी पुतलियाँ खिलखिलाकर हँसने लगीं। राजा ने विस्मयपूर्वक उनसे हँसने का कारण पूछा तो एक पुतली सिंहासन से निकलकर आगे आई और कहने लगी...।

–जयवीर सिंह यादव

अनुक्रमणिका

—o—

पहली पुतली

रत्नमंजरी की कथा

प्राचीनकाल की बात है राजन्! आर्यावर्त का एक राज्य था—अम्बावती। इसमें गंधर्वसेन नामक राजा राज करता था। वह राजा वर्ण-व्यवस्था में विश्वास नहीं रखता था इसलिए इसने चारों वर्णों की एक-एक कन्या से विवाह किया था।

ब्राह्मण वर्ण की पत्नी ने ब्रह्मणीत नामक बेटे को जन्म दिया। क्षत्रिय वर्ण वाली पत्नी के गर्भ से तीन पुत्रों ने जन्म लिया। इनमें से बड़े का नाम शंख रखा गया, बीच वाले का नाम विक्रमादित्य तथा सबसे छोटे को भर्तृहरि के नाम से पुकारा गया। वैश्य वर्ण वाली रानी ने अपने पुत्र का नाम चंद्र तथा शूद्र वर्ण वाली ने अपने बेटे का नाम धन्वन्तरि रखा।

जैसे ही ब्रह्मणीव वयस्क हुआ उसे राज्य का दीवान बना दिया गया। राज्य में फैली अशान्ति के कारण वह वहाँ अधिक दिन न ठहर सका। यहाँ के माहौल से घबराकर वह एक दिन राज्य को छोड़कर चला गया। काफी भटकने के बाद वह अपने पूर्वजों की राजधानी धारानगरी में जा पहुँचा। किसी तरह वह दरबार में सम्मानजनक स्थान पाने में सफल हो गया। एक दिन वहाँ के राजा का वध करके उसने सिंहासन पर कब्जा कर लिया। कुछ वर्षों के बाद वह उज्जैन लौटा, लेकिन आते ही उसकी मौत हो गई।

इसी दौरान क्षत्रिय वर्ण वाली रानी का पुत्र शंख यह सोचने लगा कि राजा अपने छोटे पुत्र विक्रम को अधिक चाहते हैं। वे उसे अपना वारिस बना सकते हैं। यह सोचकर उसने एक दिन अपने पिता को सोते समय जान से मार डाला और खुद राजगद्दी सँभाल ली।

पिता की मौत से घबराकर उसके छोटे चारों भाई जान बचाकर भाग निकले। शंख ने उनका पीछा करवाकर चंद्र, धन्वन्तरि तथा

भर्तृहरि को मरवा डाला, वह विक्रम को खोज पाने में असफल रहा, क्योंकि विक्रम उस समय किसी वन में जा छिपा था।

काफी खोजबीन के बाद भी जब विक्रम न मिला तो ज्योतिषियों की मदद ली गई। ज्योतिषियों ने गणना करके बताया कि विक्रम इस समय किसी घने जंगल में तपस्या कर रहा है। उन्होंने यह भी बताया कि विक्रम के सितारे इस समय बुलंद हैं। उसकी जन्मकुण्डली में राज योग है। वह राज्य पाकर एक चक्रवर्ती नरेश बनेगा।

शंख को यह बात सत्य लगने लगी कि विक्रम किसी भी समय आकर उस पर पड़ोसी राजा की मदद से हमला करके राज्य हड़प सकता है। यह भी हो सकता है कि अपने पिता की हत्या का बदला लेने के लिए वह उस पर जानलेवा हमला भी कर बैठे।

अपने आपको सुरक्षित रखने के लिए उसने अपने मंत्रियों से विचार-विमर्श किया तथा निर्णय लिया कि मौका मिलते ही विक्रम की हत्या कर दी जाए। गुप्तचरों के द्वारा उस स्थान का पता लगाया गया जहाँ विक्रम वन में एक सरोवर के किनारे कुटिया बनाकर रहता था। कठोर तपस्या करते हुए उसे कन्दमूल आदि पर ही निर्भर रहना पड़ता था।

शंख ने शीघ्र ही विक्रम की मौत की योजना बना डाली जिसमें एक तांत्रिक को भी शामिल किया गया। योजना के अनुसार तांत्रिक ने विक्रम को काली की साधना के लिए उकसाया, विक्रम उसकी बात मान गया। शंख को पहले ही वहाँ छिपा दिया गया था, ताकि जैसे ही विक्रम देवी की प्रतिमा के आगे सिर झुकाए, शंख अपनी तलवार से उसकी गर्दन कलम कर दे। लेकिन योग सिद्धि का अभ्यास हो जाने से विक्रम की कुंडलिनी जागृत हो गई तथा उसको खतरे का पूर्वाभास हो गया।

तांत्रिक से विक्रम ने कहा कि मैंने तो राजा होने के कारण आज तक किसी के सामने सिर नहीं झुकाया, पहले मुझे आप ऐसा करके दिखाएँ, बाद में मैं तुम्हारा अनुसरण करूँगा। तांत्रिक ने विक्रम की बात मान ली। जैसे ही तांत्रिक ने देवी की प्रतिमा के आगे सिर झुकाया, विक्रम एक ओर खिसक गया, तभी शंख ने सामने आकर तांत्रिक की झुकी गर्दन पर तलवार से वार कर दिया, लेकिन गलती का अहसास होने पर शंख को पछतावा हुआ। ठीक उसी समय

विक्रम ने उस पर छलाँग लाकर उससे तलवार छीन ली व उसकी हत्या कर डाली।

जब विक्रम शंख का कटा हुआ सिर लेकर राजमहल में पहुँचा तो शंख के समर्थक घबराकर भाग निकले। प्रजा विक्रम की जय-जयकार करने लगी। विक्रम ने राजगद्दी सँभाल ली। वह पूरे मनोयोग से प्रजा पालन में जुट गया। प्रजा को उससे कोई शिकायत न रही।"

कथा समाप्त कर रत्नमंजरी पलभर के लिए रुकी फिर कुछ सोचते हुए कहने लगी, "अब स्वविवेक से बताओ राजा भोज! क्या तुमने यह राज्य अपने पराक्रम के द्वारा हासिल किया है? यदि नहीं किया तो इसकी ओर पग बढ़ाने का दु:साहस न करो। यदि इस पर बैठने की मन में इच्छा है तो पहले महाराजा विक्रमादित्य जैसे यशस्वी न्यायी, दानी व पराक्रमी बनो।"

पुतली यह कहते हुए पीछे हटी तथा राजसिंहासन में जाकर संलग्न हो गई।

□

दूसरी पुतली

चित्रलेखा की कथा

दूसरी पुतली चित्रलेखा ने कहा, "मैं तुम्हें एक कहानी सुना रही हूँ, उसे ध्यानपूर्वक सुनो तथा उसके बाद अपने विवेक से यह निर्णय करो कि क्या तुम वास्तव में इस सिंहासन पर बैठने का अधिकार रखते हो?"

राजा भोज उत्सुकता से बोले, "मैं वह कहानी सुनना चाहता हूँ, सुनाओ चित्रलेखा।"

"महाराजा विक्रमादित्य बाहुबल से मिले सिंहासन को पाने के बाद सुखपूर्वक प्रजा-पालन करने लगे। वे प्रजा-पालन में अपनी ओर से कोई कसर नहीं छोड़ते थे। एक दिन वे शिकार को गए। शिकार के लिए भाग-दौड़ करते-करते वे एक पर्वत पर जा पहुँचे। वहाँ उन्हें एक साधु तप करता नजर आया। उन्होंने उनकी तपस्या में बाधा न डालने के उद्देश्य से मौन अभिवादन किया तथा वापस लौटने लगे।

उन्हें वापस जाते देखकर साधु ने रोका और कहने लगा, "तुम्हारे शिष्टाचार से हम अति प्रसन्न हैं। हमारे आशीर्वाद के रूप में यह फल लेते जाओ। इसका भक्षण करने वाला निश्चय ही पुत्र-रत्न की प्राप्ति करेगा।"

यह कहते हुए साधु ने वह फल उनकी ओर बढ़ा दिया। फल लेकर राजा ने श्रद्धा से साधु को मस्तक नवाया व लौट चले। रास्ते में राजा को एक युवती हाल-बेहाल जाती हुई दिखाई दी। राजा ने उसे पुकारकर रोकना चाहा तो वह तेज-तेज कदमों से एक कुएँ की ओर दौड़ने लगी। जैसे ही उसने आत्महत्या का प्रयास किया राजा ने उसे रोक दिया।

खुदकुशी का कारण पूछने पर युवती ने बताया कि उसकी सभी संतानें बेटियाँ हैं। इसी बात को लेकर उसका पति उससे मार-पीट

किया करता है, अगर उसके कोई बेटा हो जाता तो शायद उसकी यह दुर्दशा नहीं हुई होती।"

यह सुनकर राजा को उस यौवना पर रहम आ गया। उसने साधु से मिला फल युवती को देते हुए कहा, "इसे अपने पति को खिला दोगी तो निश्चय ही पुत्रवती हो जाओगी।"

वह युवती फल लेकर अपने घर की ओर चल दी।

एक दिन एक ब्राह्मण राजदरबार में आया। उसने राजा से एकांत में भेंट की। वह एक चमत्कारी फल राजा को देते हुए बोला, "आप हमारे राजा हैं, अगर आप इसका सेवन करें तो निश्चय ही आपके यहाँ तेजस्वी पुत्र का जन्म होगा।"

राजा ने जब उससे फल के विषय में गहराई से पूछताछ की तो वह कहने लगा, "महाराज! मुझे यह फल मेरी प्रेमिका से मिला है। उसे भी यह किसी से मिला था। लेकिन वह अपने पति के बजाए मुझे अधिक चाहती थी, अतः उसने यह फल मुझे दे दिया।"

यह सुनकर राजा ने फल लेकर रख लिया तथा ब्राह्मण को उचित दक्षिणा देकर विदा कर दिया। उसके दिल को ब्राह्मण की पत्नी की बेवफाई से काफी ठेस पहुँची। राजा ने वह फल ले जाकर अपनी रानी को दे दिया। राजा ने फल जिस रानी को सौंपा, उसका लगाव नगर कोतवाल से था। कोतवाल भी पुत्र-सुख को भोग सके, इसी नीयत से रानी ने वह फल खुद न खाकर कोतवाल को दे दिया।

नगर कोतवाल का लगाव एक वेश्या के साथ था अतः उसने बिना कुछ सोचे-विचारे वह फल वेश्या को सौंप दिया। वह वेश्या पेशे से वेश्या अवश्य थी, लेकिन बहुत दूरदर्शी थी। उसने सोचा कि इस फल के सेवन से वह पुत्रवती तो हो जाएगी लेकिन उसे सही मायनों में अपनी ममता को दुलार न दे पाएगी। वह नहीं चाहती थी कि उसके पुत्र को कोई अपमानजनक शब्दों से संबोधित करे।

उसके मन में विचार आया कि यदि वह फल को खुद न खाकर राजा को सौंप दे तो वाकई राजा व प्रजा दोनों का कल्याण होगा। यही सोचकर वह राजा के पास जा पहुँची। जब राजा ने वह फल देखा तो उसे बड़ा आश्चर्य हुआ। वेश्या ने फल के विषय में पूछे जाने पर बताया कि उसे वह फल कोतवाल से मिला है।

राजा यह सुनते ही समझ गया कि उसकी रानी का लगाव नगर

कोतवाल से है। यह जानकर उसे बहुत दु:ख हुआ। जब उसने अपनी पत्नी से फल के विषय में पूछा तो वह बोली, "स्वामी! मैंने तो उसे उसी दिन खा लिया था।"

तभी राजा ने वह फल उसे दिखा दिया। फल को देखते ही रानी को अपने पैरों के नीचे की जमीन खिसकती-सी महसूस होने लगी। वह बेहोश होकर गिर पड़ी। उसकी बेवफाई से दु:खी होकर राजा को वैराग्य हो गया। वह तपस्या करने के लिए वन की ओर चला गया।

इंद्रदेव को जब यह पता चला कि प्रजापालक राजा विक्रमादित्य अपनी पत्नी की बेवफाई से दुखी होकर वन में तप कर रहे हैं तो उन्हें खतरा हुआ कि कहीं कोई दूसरा राजा इस मजबूरी का नाजायज फायदा उठाकर राज्य पर अधिकार न कर ले। यही सोचकर देवराज इंद्र ने अपना एक देवदूत विक्रम के राज्य की रक्षा हेतु भेज दिया।

एक बार राजा विक्रमादित्य का मन डाँवाडोल हुआ तो उसने अपनी राजधानी की खोज-खबर लेने का निर्णय किया। जैसे ही वह आधी रात के समय अपने राज्य की सीमा में घुसा, तो उसे इन्द्र के भेजे देवदूत ने चेतावनी दी, "यहाँ से आगे बढ़ने के लिए मुझे यह बताना होगा कि तू कौन है व यहाँ क्या लेने आया है?"

"तू मुझे ही मेरे राज्य में जाने से रोकता है, जानता नहीं इस समय मैं स्वयं चक्रवर्ती नरेश विक्रमादित्य तेरे सामने खड़ा हूँ।"

"इस बात का पता तो तब चलेगा, जब तू मुझसे द्वंद्व-युद्ध करेगा। अगर तू वास्तव में विक्रमादित्य है तो मुझे परास्त करके दिखा। तुझे यह पता होना चाहिए कि मैं देवराज इंद्र का भेजा हुआ अगिया देव हूँ। मुझे यहाँ की सुरक्षा का कार्य सौंपा गया है। तू विक्रमादित्य नहीं हो सकता क्योंकि वह तो गृहस्थी से वैराग्य ले चुका है। वह तो अखंड साधना में तल्लीन था।"

"यदि तुझे मुझ पर भरोसा नहीं तो मैं द्वन्द्व-युद्ध के लिए तैयार हूँ।"

अगले ही पल द्वन्द्व-युद्ध आरंभ हो गया। कुछ ही देर के शक्ति परीक्षण के बाद विक्रमादित्य देवदूत को हराने में सफल हो गए।

अगिया देव ने अपनी हार स्वीकारते हुए कहा, "यह सत्य है कि तुम वास्तव में राजा विक्रमादित्य हो। मुझे तुम्हारी अधीनता स्वीकार है। जाते समय सचेत करना चाहूँगा कि यहाँ तुम्हारा एक शत्रु आ

पहुँचा है। पिछले जन्म की शत्रुता का बदला लेने के लिए वह योगी बनकर सिद्धि कर रहा है। वह तुम्हारे खून का प्यासा है। अगर तुमने उसे अपने रास्ते से हटा दिया तो वर्षों तक प्रजापालन का सुख भोगोगे।"

अगिया देव ने विक्रमादित्य के पूछने पर शत्रु का पता-ठिकाना बताया तथा इंद्रलोक को प्रस्थान कर गया।

अपने दरबार में पहुँचने पर विक्रमादित्य को ज्ञात हुआ कि उसकी बेवफा रानी ने प्रायश्चित करते हुए विषपान करके आत्महत्या कर ली। यह जानकर राजा को संतोष हुआ।

कुछ दिन बाद एक योगी राजदरबार में आया। राजा को उसने एक दिव्य-फल दिया, जिसके अंदर से एक कीमती रत्न निकला। उसे देखकर राजा बहुत खुश हुआ। उसने प्रसन्न होकर योगी को पुरस्कार देना चाहा।

"यदि आप मुझसे वाकई खुश हैं, तो आप इसी समय मेरे साथ चलकर मेरी मदद कर सकते हैं।" योगीराज ने राजा की आँखों में झाँकते हुए कहा।

अपने दिए गए वचन के मुताबिक राजा को योगी के साथ जाना पड़ा। वह उसे एक श्मशान में ले गया। उसने उसे श्मशान के एक वृक्ष पर लटके बेताल नामक मुर्दे को उतारकर लाने के लिए कहा, क्योंकि उसे अपनी सिद्धि में जरूरत थी।

योगी की बात मानते हुए राजा ने पेड़ पर लटके बेताल के शव को उतारा व अपने कंधे पर लाद लिया। बेताल के शव ने राजा से कहा कि यदि तुम मुझे योगी के सिद्धि स्थल तक ले जाना चाहते हो तो तुम्हें मौन होकर मेरी कथा सुननी होगी, अगर तुमने बीच में मौन भंग कर दिया तो मैं वापस उसी पेड़ पर चला जाऊँगा।

विक्रमादित्य ने बेताल को चौबीस बार पेड़ से उतारा तथा हर बार वह उसकी असावधानी का लाभ उठाकर उसके चंगुल से मुक्त होता रहा। जब पच्चीसवीं बार राजा उसे लेकर चला तो उसने बताया कि जिस योगी के पास मुझे ले जा रहे हो, वह धूर्त एवं कपटी है। आज वह तेरी बलि देना चाहता है।

उसने कहा कि जब तू वहाँ मुझे लेकर जाएगा तो वह तुझसे देवी के आगे नतमस्तक होने को कहेगा। जैसे ही तू श्रद्धापूर्वक देवी

को सिर नवाएगा, वह अपनी तलवार से तेरी गरदन काट देगा। देवी के चरणों में राजा की बलि चढ़ते ही उसे दो लाभ होंगे। एक तो यह कि वह सिद्धि पाकर दुनिया का सबसे शक्तिशाली तांत्रिक हो जाएगा। दूसरे उसे बड़ी आसानी से अपने पहले जन्म के दुश्मन से बदला लेने का मौका मिल जाएगा।

बेताल के वचन सुनते ही राजा विक्रमादित्य को अगिया देव के कथन की याद ताजा हो उठी। बेताल को धन्यवाद देते हुए विक्रमादित्य ने दुष्ट योगी की हत्या के लिए उससे सहयोग का निवेदन किया। बेताल ने राजा की बात मान ली।

विक्रमादित्य कंधे पर बेताल को लादे हुए साधना-स्थल पर पहुँचा। उसे देखकर योगी बहुत खुश हुआ। वह कहने लगा, "तुम्हारी कर्त्तव्यपरायणता से सिर्फ मैं ही नहीं, बल्कि देवी भी प्रसन्न हैं। अब तुम देवी की प्रतिमा के सामने साष्टांग प्रणाम करो ताकि देवी माँ प्रकट होकर तुम्हें मनचाहा वरदान दे सकें।"

"सबने आज तक मेरे आगे मस्तक झुकाया है, मैंने किसी के आगे मस्तक नहीं झुकाया। कभी बचपन में किसी के सामने झुकाया होगा, अब तो अभ्यास भी नहीं रहा। पहले तुम खुद देवी के सामने साष्टांग प्रणाम करके बताओ ताकि मैं भी तुम्हारा अनुकरण कर सकूँ।"

योगी को मजबूर होकर राजा की बात माननी पड़ी। जैसे ही योगी ने देवी के आगे साष्टांग प्रणाम किया, विक्रमादित्य ने अपनी तलवार के एक ही प्रहार से उसकी गर्दन उड़ा दी। बलि स्वीकार करके देवी प्रकट हुई। राजा ने देवी को सामने पाकर साष्टांग प्रणाम किया। देवी ने उसे आशीर्वाद देते हुए कहा, "तुम्हारी सुरक्षा हेतु तुम्हें विशेष सेवक प्रदान करती हूँ। दोनों बेताल सदैव तुम्हारे करीब रहेंगे, तुम जब भी चाहोगे इनसे मनचाहा काम ले सकोगे।"

आशीर्वाद देकर देवी अन्तर्ध्यान हो गई। राजा अपने महल को लौट आया।"

राजा भोज को कथा सुनाकर दूसरी पुतली पलभर के लिए मौन हो गई। कुछ पलों के बाद वह बोली, "तुमने मेरे द्वारा सुनाई गई कथा को यदि ध्यान से सुना है तो यह बताओ कि क्या तुमने जीवन में कभी ऐसा त्याग किया है जैसा कि दूसरे को चमत्कारी फल देकर

राजा विक्रमादित्य ने किया था? यदि वास्तव में तुमने अपने जीवन में ऐसा कोई त्याग नहीं किया तो स्वयं को इस दिव्य सिंहासन पर बैठने का अधिकारी मत समझना। भूलकर भी इस पर विराजमान होने की इच्छा न करना।" यह कहते हुए चित्रलेखा अपने स्थान पर जाकर संलग्न हो गई। मजबूर होकर राजा को अपने शयनकक्ष में वापस लौट जाना पड़ा। दूसरे दिन राजा ने सिंहासन पर बैठने को कदम उठाया ही था कि तीसरी पुतली सिंहासन से निकल आई व उसे सचेत करते हुए कहने लगी।

□

तीसरी पुतली

चंद्रकला की कथा

एक समय की बात है–भाग्य एवं पुरुषार्थ दोनों में विवाद छिड़ गया। विवाद का कारण यह था कि दोनों ही आपने आपको सर्वश्रेष्ठ एवं सामर्थ्यवान समझ रहे थे।

भाग्य का कहना था कि मैं जिस पर मेहरबान हो जाऊँ उसे पल भर में ही सुखी एवं सम्पन्न बना सकता हूँ। उसके जीवन के तमाम अभावों को दूर कर सकता हूँ। उसके जीवन में दुःख नाम की कोई चीज नहीं रहती। मैं जब किसी को खुशियाँ बाँटता हूँ तो यह कभी नहीं सोचता कि उसने इसके लिए कोई परिश्रम किया है या नहीं।

तभी पुरुषार्थ ने कहा, "मैं तुम्हारी बात से सहमत नहीं हूँ, क्योंकि आज के जमाने में उद्यम, परिश्रम एवं जी तोड़ मेहनत के बिना कुछ भी संभव नहीं है।

उन दोनों में से कोई भी जब एक–दूसरे की बात मानने को तैयार न हुआ तो वे अपनी समस्या लेकर देवराज इंद्र के पास जा पहुँचे। इंद्रदेव ने समस्या पर गंभीरतापूर्वक विचार किया लेकिन किसी ठोस निर्णय पर न पहुँच पाए।

यदि वे पुरुषार्थ को बड़ा घोषित करते हैं तो इस बात से कैसे इंकार कर सकते थे कि दुनिया में सैकड़ों–हजारों लोग बिना किसी पुरुषार्थ के अपने भाग्य के सहारे ही इतना कुछ पा लेते हैं कि कोई पुरुषार्थी जीवनभर मेहनत करने के बाद भी न पा सके।

यदि इंद्रदेव भाग्य की महानता को स्वीकार करते तो उन पुरुषार्थियों के प्रति घोर अन्याय होता जो कि असमर्थ होते हुए भी अपने पुरुषार्थ के बल पर भाग्यशाली लोगों से कहीं अधिक पा जाते हैं।

देवराज इंद्र यदि उन दोनों की ही महानता को स्वीकार कर लेते तो भी उन्हें तसल्ली होने वाली नहीं थी। गंभीरतापूर्वक विचार करने

के बाद वे इस निश्चय पर पहुँचे कि इस समय कोई निर्णय देने के बजाए इन्हें महाराजा विक्रमादित्य के पास भेज दिया जाए। वे स्वविवेक से अवश्य ही कोई समाधान कर सकेंगे।

उन्होंने पुरुषार्थ एवं भाग्य को राजा विक्रमादित्य से मिलने का आदेश दिया। इंद्रदेव का आदेश मानते हुए वे दोनों विक्रमादित्य के दरबार में जा पहुँचे। इस समय वे मानव वेश धारण किए हुए थे।

दरबार में जाते ही उन्होंने राजा विक्रमादित्य का अभिवादन किया। राजा के पूछने पर उन्होंने अपने वहाँ आने का कारण बताया। राजा ने उनकी बातों को बहुत ध्यानपूर्वक सुना, लेकिन वे भी किसी ठोस निर्णय पर न पहुँच सके।

काफी सोच-विचार के बाद उन्होंने उन दोनों को छः माह बाद आने के लिए कह दिया।

राजा का अभिवादन करके दोनों अपने-अपने स्थान को लौट गए।

राजा विक्रमादित्य ने भाग्य एवं पुरुषार्थ के लौटने के बाद उनकी समस्या पर काफी गंभीरतापूर्वक विचार किया, लेकिन कोई भी संतोषजनक हल न खोज सके। अंत में उन्होंने निश्चय किया कि इस समस्या का समाधान खोजने के लिए वे राज्य के नागरिकों के बीच घूम-फिरकर प्रयास करेंगे। ऐसा विचार करके वे वेश बदलकर नागरिकों के बीच घूमने-फिरने लगे। घूमने-फिरते वे उस नगर के द्वार पर जा पहुँचे। जैसे ही वे नगर के द्वार पर पहुँचे, उन्होंने एक पट्टिका देखी जिस पर लिखा था–"इस राज्य की राजकुमारी का शुभ-विवाह महाराज विक्रमादित्य के साथ होगा।"

यह लेख पढ़कर उन्हें घोर आश्चर्य हुआ। सब कुछ भाग्य के हवाले करके वे आगे बढ़ते गए। महल में पहुँचते ही उनकी मुलाकात राजकुमारी से हुई। वह अपने सामने एक अजनबी आदमी को पाकर शाही रुआब के साथ बोली, "मैं पूछती हूँ कि तुम कौन हो और इस तरह बिना अनुमति प्राप्त किए तुमने मेरे महल में घुसने का दुःसाहस कैसे किया? क्या तुम्हें किसी ने भी रोकना जरूरी नहीं समझा?"

"मैं साक्षात् चक्रवर्ती नरेश विक्रमादित्य हूँ, क्योंकि तुम्हारे राज्य के मुख्यद्वार पर मेरे नाम की पट्टी लगी हुई थी, अतः किसी की अनुमति लेना मैंने जरूरी नहीं समझा। शायद तुम्हारे पहरेदार मुझे भली-भाँति पहचानते होंगे इसलिए उन्होंने मुझे रोकना उचित नहीं

समझा होगा।"

राजकुमारी विक्रमादित्य की बातों से बहुत प्रभावित हुई। वह पहली ही मुलाकात में उन्हें अपना दिल दे बैठी थी। शुभ मुहूर्त में दोनों का विवाह भी हो गया।

राजकुमारी के साथ रहते हुए महाराजा विक्रमादित्य वहाँ के राजकाज में रुचि लेने लगे। कुछ दिनों के बाद उन्हें अपने राज्य की चिंता सताने लगी। उन्होंने राजकुमारी से विदा माँगी। राजकुमारी के साथ वह राज्य भी विक्रमादित्य के अधिकार में आ चुका था।

विक्रमादित्य ने राज्य से एक शानदार घोड़ा अपनी सवारी के लिए छाँटा। इसके बाद वे कुछ सेवकों को अपने साथ लेकर अपने राज्य की ओर लौट आए। सेवकों के दिशा निर्देश पर बढ़ते हुए उन्हें कोई परेशानी न हुई।

चलते-चलते जब वे थक गए तो विश्राम के लिए से एक नदी के किनारे रुके। यहाँ उनकी भेंट एक संन्यासी से हुई। कुछ देर दोनों में बातें होती रहीं। विक्रमादित्य के व्यक्तित्व से संन्यासी बहुत प्रभावित हुआ। उसने विदाई के समय प्रसन्न होकर विक्रमादित्य को दो चीजें दीं।

दोनों चीजों की खूबियाँ बताते हुए संन्यासी ने कहा, "पहली वस्तु यह माला है। इसे पहने रहने से तुम्हारे सारे रुके हुए कार्य सिद्ध होंगे। इसे पहनकर आदमी गुप्त होकर कोई भी गोपनीय कार्य कर सकता है।

दूसरी चमत्कारी वस्तु यह छड़ी है। रात को सोने से पूर्व इससे जो भी आभूषण माँगोगे, यह प्रस्तुत करेगी।"

राजा ने दोनों चीजों को सम्मानपूर्वक ग्रहण करके संन्यासी का आभार प्रकट किया तथा आगे बढ़ गए। कुछ दिनों के बाद वे उज्जैन आ गए। उन्होंने सेवकों को वापस भेज दिया। तथा राजकुमारी के नाम संदेश भिजवाया कि वे शीघ्र ही उसे सम्मानपूर्वक अपने साथ लिवा ले जाएँगे।

विक्रमादित्य उज्जैन पहुँचकर विश्राम करने के लिए एक उद्यान में ठहर गए। यहाँ उनकी मुलाकात दो लोगों से हुई। राजा को पहचानकर दोनों ने अभिवादन किया तथा कहने लगे, "महाराजाधिराज! हम दोनों आपके राज्य के सेवक हैं। मैं एक ब्राह्मण हूँ तथा यह मेरा

मित्र भाट है। इस बगीचे की देखभाल एक लंबे समय से हम इसलिए करते आ रहे हैं कि कभी-न-कभी हम पर हमारे राजा की कृपा-दृष्टि अवश्य होगी। कृपा करके हमें कोई ऐसा ईनाम दीजिए कि हमारी दरिद्रता का अंत हो जाए।"

राजा को बगीचे के रखवालों पर रहम आ गया। वे उन्हें कुछ-न-कुछ देने का विचार करने लगे। यदि न देते तो लोग उनकी दानशीलता पर संदेह करने लगते। लेकिन दिक्कत यह थी कि अपने राज्य से चलते समय ऐसा कुछ भी अपने साथ लेकर नहीं चले थे तथा राजकुमारी के राज्य से कुछ भी माँगना वे अपनी शान के विरुद्ध समझते थे।

ऐसी परिस्थिति में उन्हें संन्यासी द्वारा दी गईं दोनों चीजें ही दान देने के लिए उपयुक्त जान पड़ीं। कुछ सोचते हुए उन्होंने वह छड़ी ब्राह्मण को दे दी तथा गले में पड़ी माला भाट की ओर बढ़ा दी। साथ ही उन्हें उनकी खूबियाँ भी बता दीं। अचानक ही चमत्कारी वस्तुएँ पाकर वे दोनों बहुत खुश हुए। दोनों ही राजा का अभिवादन करके वहाँ से चल दिए। वे अपने-अपने घरों में जाकर उन चमत्कारी वस्तुओं का परीक्षण करना चाहते थे।

उन दोनों के जाने के बाद राजा विक्रमादित्य सोचने लगे, "मैंने यह माला तथा छड़ी ही अपने भाग्य से प्राप्त की थीं। देने वाला वह संन्यासी था। लेकिन ब्राह्मण एवं भाट ने हासिल की तो उसमें उनके भाग्य का नहीं, बल्कि पुरुषार्थ का हाथ था।

उन्हें अपनी समस्या का समाधान मिल चुका था। छः माह व्यतीत होने के बाद जब एक दिन महाराज विक्रमादित्य अपने सिंहासन पर विराजमान थे तो भाग्य एवं पुरुषार्थ उनके पास अपने विवाद का निर्णय सुनने जा पहुँचे। उन्होंने राजा का अभिवादन किया तथा उनके निर्णय की प्रतीक्षा करने लगे।

राजा ने अपना निर्णय सुनाया-"तुम्हारे विवाद को सुनकर तथा प्रत्येक पहलू पर विचार करके हम इस निर्णय पर पहुँचे हैं कि दुनिया का कोई भी कार्य बिना पुरुषार्थ के संभव नहीं हो सकता। साथ ही इस बात से भी इंकार नहीं किया जा सकता कि कोई भी व्यक्ति पुरुषार्थ के द्वारा प्राप्त वस्तु का उपयोग उतने ही समय तक तथा उतनी ही मात्रा में कर पाता है, जितना उसके भाग्य में होता है। एक

प्रकार से कहा जा सकता है कि पुरुषार्थ एवं भाग्य दोनों ही एक-दूसरे के पूरक हैं।"

उन दोनों की तसल्ली के लिए राजा ने संन्यासी द्वारा भाग्य से हासिल की गई छड़ी एवं माला का उदाहरण प्रस्तुत कर दिया। साथ ही उन्हें यह भी समझाया कि किस प्रकार ब्राह्मण एवं भाट अपने पुरुषार्थ के बल पर माला व छड़ी ले गए।

राजा विक्रमादित्य के निर्णय से संतुष्ट होकर भाग्य और पुरुषार्थ अपने-अपने स्थान पर लौट गए।"

कथा समाप्त करके चंद्रकला यानि तीसरी पुतली पलभर के लिए मौन साध गई। कुछ पलों के बाद उसने कहना शुरू किया, "यदि तुमने मेरी कहानी को ध्यानपूर्वक सुना है राजा भोज! तो अपने विवेक से चिंतन करके बताओ कि क्या तुममें महाराजा विक्रमादित्य जैसी दानशीलता एवं बुद्धिमता है, क्या तुममें उनके जैसे गुण विद्यमान हैं?

राजा को निरुत्तर पाकर पुतली राजसिंहासन में जाकर समा गई। उसके जाते ही राजा शयनकक्ष में जा पहुँचे। दूसरे दिन फिर उन्होंने राजसिंहासन की ओर पग बढ़ाया तभी चौथी पुतली कामकन्दला ने आकर उनका मार्ग रोक दिया तथा सचेत करते हुए बोली–

□

चौथी पुतली

कामकंदला की कथा

कामकंदला ने कहना आरंभ किया, "सुनिए राजन्! एक बार की बात है महाराज विक्रमादित्य अपने सिंहासन पर विराजमान थे, उसी समय कोई ब्राह्मण उनके पास आया। वह उनकी जय-जयकार करता उनके सामने आ खड़ा हुआ।"

"आशीर्वाद दीजिए ब्राह्मण।"

"यशस्वी भव! चिरंजीवी भव!"

राजा ने ब्राह्मण को आदरपूर्वक आसन प्रदान किया। इसके बाद उनके आने का कारण पूछा।

"महाराजाधिराज, मैं आपके पास कैलाश मानसरोवर से आया हूँ। एक ब्राह्मण होते हुए भी मैं आपके पास किसी प्रकार की लालसा लेकर उपस्थित नहीं हुआ हूँ।"

"यह तो आपकी महानता है ब्राह्मण! आपके दर्शन करके मेरा जीवन सफल हुआ।"

"इस समय मैं आपको एक विचित्र संदेश देने के उद्देश्य से आया हूँ।"

"सुनाओ, मैं भी उसे सुनने का उत्सुक हूँ।"

"सूर्योदय के समय मानसरोवर में से एक खम्भ निकलता है जो कि लगातार ऊपर की ओर उठता रहता है। दोपहर के समय वह आसमान से जा लगता है और सूर्यास्त से पहले वह खम्भ धीरे-धीरे नीचे आने लगता है।"

उस चमत्कारी खम्भ के बारे में राजा तथा दरबारियों ने सुना, लेकिन ये भेद न समझ सके कि ब्राह्मण का इस सूचना के पीछे क्या प्रयोजन हो सकता है।

संन्यासी ने दरबारियों को विचारमग्न देखकर कहा, "आप लोग

यह सोच रहे होंगे कि इस सूचना के पीछे मेरा प्रयोजन क्या रहा होगा। मैं आपकी उत्कंठा को अवश्य शांत करूँगा राजा।"

कुछ देर रुककर उसने बताना शुरू किया, "कुछ दिन पहले देवताओं में यह बहस छिड़ गई कि सूर्यदेव की तेज किरणों के समक्ष कोई भी ठहरने का दुस्साहस नहीं कर सकता। जो भी वस्तु उनके संपर्क में आती है, भीषण तपिश के कारण उसी समय जलकर भस्म हो जाती है।

सूर्यदेव का कहना है कि केवल समुद्रदेव में ही इतनी क्षमता है कि उनके करीब पहुँचकर उनका अभिवादन करने का सौभाग्य प्राप्त कर सकें। उस विषय में जानकारी देते हुए उन्होंने कहा कि ऐसा प्राय: देखा गया है कि जब सूर्यदेव अस्तांचल की ओर जाने लगते हैं तो एक खम्भ के रूप में समुद्रदेव उनके सामने आकर उनका दर्शन करते हैं। इस प्रकार थोड़े समय के लिए हमारा व उनका मिलन होता है।

विक्रमादित्य! तीनों लोकों में कोई भी व्यक्ति ऐसा नहीं है जो कि समुद्रदेव एवं सूर्यदेव के इस अलौकिक मिलन को देख सके। देखना तो दूर शायद कोई उनके पास पहुँचने का साहस भी न कर सके।

देवताओं को शांत देखकर देवराज इंद्र मुस्कराए और कहने लगे, "सूर्यदेव! देवताओं की बात तो जाने दीजिए, इस समय पृथ्वीलोक पर एक ऐसा मनुष्य है जो कि आपके तेज को सहन करने की ताकत रखता है।"

यह सुनकर सूर्यदेव इंद्र की बात का उपहास करते हुए बोले, "असंभव, सरासर असंभव! भला मानव शरीर में इनती सहनशीलता कहाँ? वह तो मामूली-सी तपिश से ही बौखला उठता है। फिर भी यदि आपको उस मनुष्य पर भरोसा है तो मैं उसकी परीक्षा लेना चाहूँगा। मुझे नहीं लगता कि कोई भी मनुष्य मेरे संपर्क में आने का दुस्साहस करेगा। कौन है वह, उसका नाम तो बताइए?"

"उसका नाम विक्रमादित्य है। वह उज्जैन के राजा हैं। उस पर मेरी विशेष कृपा-दृष्टि है। इस समय वह मेरे सिंहासन पर आरूढ़ है। सूर्यदेव! वह मेरा संदेश पाते ही आपसे साक्षात्कार हेतु फौरन सहम जाएगा।"

विक्रमादित्य को सूर्यदेव एवं इंद्र के विवाद की जानकारी देते हुए ब्राह्मण ने कहा, "राजन्! इस समय मैं आपके समक्ष देवराज इंद्र के विशेष दूत की हैसियत से उपस्थित हुआ हूँ। उनका संदेश है—आप सूर्यदेव से साक्षात्कार करने का साहस कर सकते हैं?"

यह सुनते ही दरबार में कुछ पलों के लिए सन्नाटा छा गया। गंभीरतापूर्वक विचार करके राजा विक्रमादित्य ने कहा, "निश्चय ही ब्राह्मण देवता, जिस अटूट आस्था के साथ देवराज इंद्र ने देवताओं एवं सूर्यदेव के समक्ष मेरा नाम रखा है, मैं उनकी आस्था को ठेस नहीं पहुँचने दूँगा तथा मैं जल्द ही सूर्यदेव के दर्शनों का सौभाग्य प्राप्त करने जाऊँगा।"

इसके बाद ब्राह्मण को यथोचित सम्मान के साथ दक्षिणा देकर विदा किया गया। अगले दिन शुभ मुहूर्त में वे मानसरोवर जाने का निश्चय करके निकले। राज्य की सीमा से बाहर आते ही उन्होंने अपने राजसी वस्त्र अपने साथ आए सेवकों को दे दिए। साधारण वस्त्रों को धारण कर वे आगे बढ़ चले। कुछ दूर जाने पर उन्होंने माँ काली से मिले दोनों बेतालों का आह्वान किया। अगले ही पल दोनों बेताल उनकी सेवा में हाजिर हो गए।

"उज्जैन नरेश, हमारे लिए क्या आज्ञा है?" दोनों के मिले-जुले स्वर सुनाई पड़े।

"क्या आप लोग मानसरोवर के पास किसी ऐसे स्थान को जानते हैं जहाँ सूर्योदय के समय एक चमत्कारी खम्भ जल से बाहर आता है, सूर्य की किरणें तेज होने के साथ-साथ ऊपर की ओर उठने लगता है तथा दोपहर के समय आसमान से जा लगता है?"

"राजन्! हमारे से इस ब्रह्मांड का कोई भी रहस्य छिपा नहीं है।"

"आपको वास्तव में यदि उस स्थान की जानकारी है तो मुझे जल्दी ही वहाँ पहुँचा दो।" राजा विक्रमादित्य ने बेतालों को आदेश दिया।

"जो आज्ञा राजन्!"

दोनों बेतालों ने राजा विक्रमादित्य की बाहें थामीं व अपनी मंजिल की ओर उड़ चले। रात होने तक वे तीनों अपनी मंजिल पर पहुँच गए। मानसरोवर की हरी भरी घाटी की शोभा देखते ही बनती थी।

सवेरा होते ही वे मानसरोवर के किनारे पहुँचे, उसके बीचों-बीच

उत्सुकतापूर्वक टकटकी लगाकर देखने लगे। सूर्य की आरंभिक किरणों के साथ ही जल के बीच एक दिव्य खम्भ धीरे-धीरे प्रकट होने लगा। उसे देखते ही राजा ने जल में छलाँग लगा दी और तैरना शुरू कर दिया तथा शीघ्र ही उस खम्भ पर जा पहुँचे। इसके साथ ही ऊँची उठती लहरें महाराजा विक्रमादित्य के चरणों का स्पर्श करने लगीं।

राजा विक्रमादित्य चमत्कारी खम्भे के साथ ही आकाश की ओर उठने लगे। शीघ्र ही सूर्यदेव की तेज किरणें विक्रमादित्य के शरीर को झुलसाने लगीं। उन्होंने अपनी प्रतिज्ञापूर्ण करने के लिए किसी बात की परवाह न की और सब कुछ सहते रहे। देखते-ही-देखते उनका शरीर सूर्यदेव की प्रखर किरणों की भेंट चढ़ गया।

दोपहर होते ही खम्भ आकाश से जा मिला। जैसे ही सूर्यदेव का रथ उधर से गुजरा, उनके सारथि की नजर एक मानव की भस्म पर पड़ी। उसने विस्मयपूर्वक रथ रोक दिया। सूर्यदेव ने मानव भस्म को देखा तो उनका हृदय द्रवित हो उठा। उन्होंने अमृत की बूंदें छिड़ककर यह जानने की कोशिश की कि ऐसा कौन व्यक्ति हो सकता है जो हमारे दर्शनों के मोह में अपने प्राणों का भी मोह त्याग बैठा।

पुनर्जीवन पाते ही राजा विक्रमादित्य ने सूर्यदेव का अभिवादन किया।

राजा का परिचय पाकर सूर्यदेव मुस्कराए बिना न रह सके। उन्हें अब विश्वास हो गया कि देवराज इंद्र का कथन पूर्णतः सत्य था।

"तुम्हारी कथनी और करनी में तनिक भी अंतर नहीं है। मैं तुमसे बहुत प्रसन्न हूँ विक्रमादित्य।" सूर्यदेव ने यह कहते हुए अपने कानों के दिव्य कुंडल उतारकर विक्रमादित्य की ओर बढ़ा दिए।

विक्रमादित्य ने कुंडल लेकर सूर्यदेव को साष्टांग प्रणाम किया। सूर्यदेव ने आशीर्वाद देते हुए कहा, "इन दिव्य कुंडलों से तुम जो भी इच्छा प्रकट करोगे, वह तत्काल पूरी होगी।"

इतना कहकर सूर्यदेव ने सारथी को संकेत किया। अगले ही पल उनका रथ आगे बढ़ गया। रथ के आगे बढ़ते ही खम्भा नीचे आने लगा। सूर्यास्त होते ही खम्भा जल में समा गया। विक्रमादित्य जल में तैरते हुए मानसरोवर के किनारे आ गए।

उज्जैन की ओर वापस जाने का निश्चय करके राजा ने दोनों

बेतालों का आह्वान किया। प्रकट होते ही उन्होंने राजा के हाथ थामे व आकाश मार्ग से उड़ते हुए अपनी मंजिल की ओर चल पड़े।

दोनों बेताल राजा विक्रमादित्य को उनकी मंजिल पर पहुँचाकर अंतर्ध्यान हो गए।

बेतालों के अंतर्ध्यान होने के बाद वे पैदल ही अपने राजमहल की ओर चल दिए।

अभी राजा थोड़ी ही दूर चल पाए होंगे कि उन्हें मार्ग में एक ब्राह्मण संन्यासी मिला। उसने राजा को प्रणाम किया तथा कुछ पाने की इच्छा से उनके पास खड़ा हो गया। राजा ने सूर्यदेव से मिले कुंडल उस ब्राह्मण को दान में दे दिए। सूर्यदेव से मिले कुंडलों को दान में देने के बाद वे काफी संतुष्ट नजर आ रहे थे।"

कथा संपूर्ण होते ही कामकंदला पलभर के लिए मौन हो गई। कुछ पलों के बाद वह बोली, "राजा भोज! अब अपने विवेक से स्वयं ही यह निर्णय करो कि क्या तुमने कभी देवताओं की आज्ञा का पालन करने हेतु अपने प्राणों की आहुति दी है? क्या आपने ऐसा कोई दान दिया है जैसा कि विक्रमादित्य ने ब्राह्मण संन्यासी को दिया था? यदि मेरे प्रश्नों का उत्तर हाँ में हो तो इस दिव्य सिंहासन पर बैठ सकते हो, वर्ना ख्वाब में भी इसका मोह न करना।"

□

पाँचवी पुतली

लीलावती की कथा

राजा भोज तुम आज भी अपनी जिद पर कायम हो, रुको: तुम अभी इस दिव्य सिंहासन पर विराजमान होने के सही हकदार नहीं हो। यदि तुम इस पर बैठना चाहते तो अपने अंदर उन गुणों का विकास करो जो राजा विक्रमादित्य में थे, तभी तुम इस बैठ सकते हो।

यह सुनते राजा भोज बोले, "तुम कौन से गुणों की बात कर रहे हो, मुझे स्पष्ट रूप से बताओ। मैं उन्हें जानने के लिए उत्सुक हूँ।"

पुतली ने कहना शुरू किया, "सुनो राजन्! अपने दरबार में बैठे महाराजा विक्रमादित्य एक दिन हमेशा की तरह न्याय कर रहे थे, तभी एक व्यक्ति उनके पास आकर सिर झुकाकर कहने लगा, "महाराज! मैंने आपके नाम एवं राशि की गणना करके एक शुभ लग्न मुहूर्त निकाला है, उसके अनुसार यदि आप तुला लग्न में अपने लिए कोई राजमहल बनवाएँ तो वह आपके लिए अत्यंत सौभाग्यशाली रहेगा। वहाँ महालक्ष्मी का वास रहेगा, सभी नागरिक सुख-समृद्धिपूर्वक रहेंगे। आपके पराक्रम एवं अन्य गुणों का सर्वत्र यशोगान होगा।"

ज्योतिषी की बात राजा को पसंद आ गई। उन्होंने उसे यथोचित दक्षिणा देकर विदा किया। उसके जाने के बाद राजा ने विचार किया—अपने लिए न सही, जनता की सुख-समृद्धि के लिए मैं ऐसा महल अवश्य बनवाऊँगा।

ऐसा विचार करके राजा ने अपने कोषाध्यक्ष को आदेश दिया कि वह एक अद्वितीय स्वर्णमहल बनवाने हेतु राजकोष के मुँह खुलवा दे।

सभी मंत्रियों की सहायता से शीघ्र ही क्षिप्रा नदी के किनारे एक उपयुक्त स्थान की खोज की गई। महल के निर्माण कार्य में सहयोग के लिए दूसरे राज्यों से भी कुशल कारीगरों को बुलाया गया।

विधि-विधान के साथ तुला लग्न में राजमहल की नींव रखी गई।

महल का निमार्ण कार्य अनुभवी एवं कुशल कारीगरों की देख-रेख में शुरू हो गया। तीस खंड एवं चार विशाल दरवाजों वाले महल को बनाने में सोना-चाँदी, हीरे जवाहरात के अलावा बहुमूल्य मणि मुक्ताओं के जड़े जाने की योजना बनाई गई।

जब भव्य महल बनकर तैयार हो गया तो राजा विक्रमादित्य उसके निरीक्षण हेतु बुलाए गए। राजा उस ब्राह्मण को भी अपने साथ लेकर आए थे जिसके कहने पर उन्होंने यह भव्य महल तैयार कराया था।

वह ब्राह्मण महल की शोभा को देखकर कुछ इस कदर मंत्रमुग्ध हो गया कि उसके मुख से अनायास ही निकल गया, "काश! ऐसा सुंदर महल किसी ने मुझे भी दिया होता!"

ब्राह्मण के मुँह से यह बात निकलते ही राजा विक्रमादित्य ने अपनी दानवीरता का परिचय देते हुए कहा, "हे ब्राह्मण! मैंने यह राजमहल तुम्हें दान में दिया।"

राजा का कथन सुनकर ब्राह्मण इस तरह चौंक पड़ा, मानो उसे किसी ने सुखद सपने से जगा दिया हो। उसे अभी भी राजा का कथन संदेहपूर्ण लग रहा हो।

"बात चौंकने वाली नहीं, बल्कि विश्वास करने वाली है ब्राह्मण! आज से यह भव्य महल तुम्हारा हुआ। क्योंकि मैंने यह तुम्हें दान में दे दिया है।"

विक्रमादित्य राजमहल ब्राह्मण को दान देकर खुशी-खुशी अपने पुराने राजमहल को चल दिए। ब्राह्मण खुश होता हुआ अपने घर लौट आया। ब्राह्मणी को अपने पति का राजा के यहाँ से खाली हाथ लौटना बिलकुल भी अच्छा न लगा।

"कैसा मुहूर्त कराने गए थे महल का, जो खाली हाथ लौटे हो? राजा विक्रमादित्य की दानवीरता का राग तो ऐसा अलाप रहे थे मानो वह तुम्हें भी एक छोटा महल बनवा देगा। किसी भी राजा के यहाँ से आप खाली हाथ नहीं लौटे, लेकिन जिस राजा का दुनियाभर में नाम है, उसने कुछ भी नहीं दिया, यह बात तो कुछ समझ में नहीं आई।"

ब्राह्मण के मन में खुशी उमड़ रही थी। वह उसे अपनी पत्नी को

बता पाने के लिए शब्द न खोज पा रहा था। उसने अपनी तेज रफ्तार से साँसों पर काबू पाते हुए कहा, "जब उनके दान की महिमा सुनोगी तो सचमुच पागल हो जाओगी। उन्होंने हमें इतना कुछ दान में दे डाला है कि हमसे उम्रभर भी न समेटा जाएगा, उन्होंने हमें वही महल दक्षिणा में दे डाला है जिसका मैंने मुहूर्त निकाला था।"

"स्वामी यदि ऐसा है तो मैं घर का सामन समेट लूँ राजमहल जाने के लिए?"

पत्नी की बात पति के दिल में बुरी तरह समा गई। उन्होंने दिन निकलते ही अपना सारा सामान बाँधा तथा बैलगाड़ी में लादकर अपनी पुरानी कुटिया में लिवा लाए।

पत्नी को अपनी पुरानी कुटिया में छोड़कर ब्राह्मण राजदरबार में जा पहुँचा।

"मेरा आपसे विनम्र निवेदन है कि आप उसे वापिस ले लें। महाराज! वह स्वर्ण महल मुझ निर्धन को रास नहीं आ पाएगा।"

"लेकिन कोई वजह तो बताओ, आखिर क्यों नहीं रहना चाहते तुम वहाँ?"

इस प्रश्न के उत्तर में ब्राह्मण मौन हो गया। वह कोई उत्तर न दे सका। उसे भय था कि कहीं राज कोप का भाजन न बनना पड़े।

यदि राजा दान में दी हुई वस्तु को वापिस ले लेता तो यह उसकी शान एवं नीति के विरुद्ध बात होती। लेकिन जब ब्राह्मण किसी भी कीमत पर स्वर्णमहल में रहने को राजी न हुआ तो राजा विक्रमादित्य ने स्वर्णमहल की लागत के बराबर धन-सम्पदा देकर ब्राह्मण से वह महल खरीद लिया।

बेशुमार धन-दौलत के साथ ब्राह्मण अपनी कुटिया में लौट आया।

राजा विक्रमादित्य ने नए महल में अपना दरबार लगाना शुरू कर दिया। एक दिन राजा अपने नए महल के शयनकक्ष में सो रहे थे कि अचानक उसकी आँख खुल गई। शयनकक्ष में उन्हें तेज प्रकाश के बीच महालक्ष्मी देवी की आवाज सुनाई पड़ी। राजा ने उठकर लक्ष्मी देवी को प्रणाम किया। देवी ने जब उनसे पूरे महल को धन-संपदा की वर्षा करके भर देने की बात कही तो राजा ने उनसे विनम्र निवेदन किया, "देवी! आज मेरे पास जो कुछ भी है वह सब आपकी कृपा

दृष्टि से है, मुझे किसी वस्तु का अभाव नहीं है। यदि आप सचमुच प्रसन्न हैं तो इस शयनकक्ष को छोड़कर शेष महल एवं पूरे राज्य में जहाँ भी नागरिक निवास करते हैं, धन-सम्पदा की वर्षा कर दो।"

"ऐसा ही हो।" यह आशीर्वाद देकर महालक्ष्मी चली गई।

सवेरा होते ही पूरे राज्य में धन वर्षा की चर्चा फैल गई। मंत्रियों, सैनिकों के द्वारा यह खबर राजा विक्रमादित्य को मिली। इसे सुनकर राजा कहने लगे, "लक्ष्मी माता का वरदान मानकर महल के धन को राजकोष में पहुँचा दिया जाए ताकि इसे प्रजा की खुशहाली के लिए खर्च किया जा सके।"

"महाराज! राज्य में हुई धनवर्षा के बारे में आपका क्या हुक्म है?"

इस प्रश्न का उत्तर न देकर राजा ने मंत्री से ही प्रश्न किया, "वैसे प्रजा का उस धन के बारे में क्या विचार है?"

"वो लोग तो उस धन पर आपका ही अधिकार मान रहे हैं। अभी तो किसी ने उस धन को छुआ भी नहीं है।"

"ऐसी ईमानदार प्रजा को पाकर हम धन्य हो गए।"

"महाराज! यह चमत्कार अचानक हुआ कैसे?"

राजा ने महालक्ष्मी की अनुकम्पा वाली पूरी घटना मंत्रियों तथा सैनिकों को सुना दी। इसके बाद राजा ने कोषागार मंत्री को आदेश दिया कि पूरे राज्य में मुनादी कराई जाए कि राज्य में नागरिकों के क्षेत्र में जो धन-वर्षा हुई वह उनकी अपनी है। कोई भी किसी दूसरे के धन को हाथ न लगाए। अगर किसी ने भी ऐसा करने का साहस किया तो उसे राज-दंड भोगना पड़ेगा।

कुछ ही देर में सैनिकों की टुकड़ियाँ पूरे राज्य में फैल गईं। वे सबको धन-वर्षा से संबंधित राजा की आज्ञा बताने लगे।

राजा के आदेश को सुनकर सारी जनता बहुत प्रसन्न हुई। सबने उसका पालन किया। किसी ने भी दूसरे के धन को न तो छुआ और न ही कोई छीना-छपटी हुई। बड़ी सभ्यता एवं प्रेमभाव के साथ लोगों ने देवी के इस प्रसाद को समेट लिया।

कथा को समाप्त करके पाँचवीं पुतली लीलावती पलभर के लिए मौन हो गई। कुछ पलों के बाद वह फिर राजा से बोली-

"राजा भोज! विचार करके मुझे बताओ कि क्या तुम स्वयं को

महाराज विक्रमादित्य की तरह निर्लोभी समझते हो? अगर यह धनवर्षा उनके राज्य में न होकर तुम्हारे राज्य में हुई होती तो क्या तुम वह धन खुशी-खुशी प्रजा में बाँट सकते थे? क्या तुम किसी को स्वर्ण महल बनाकर दान कर सकते थे?"

राजा भोज भी अपने श्यनकक्ष में चले गए। लेकिन पूरी रात उन्हें बेचैनी से काटनी पड़ी। सिंहासन के मोह ने अगले दिन उन्हें फिर वहीं ला खड़ा किया। जैसे ही उन्होंने कदम आगे बढ़ाया, तभी छठी पुतली प्रकट हुई तथा अपना परिचय देते हुए राजा भोज को सचेत करने के उद्देश्य से बोली–

□

छठी पुतली

रविभामा की कथा

एक समय की बात है कि राजा विक्रमादित्य क्षिप्रा नदी के किनारे बने अपने स्वर्णमहल के उपवन में खड़े थे।

बरसात के कारण क्षिप्रा नदी हिलौरें मारती हुई स्वर्णमहल की ऊँची दीवारों को छूती हुई बह रही थी। पास ही हिरण एवं खरगोश मग्न होकर कुलांचें भर रहे थे।

हरे-भरे प्रदेशों में बादलों को देखकर मोर पंख फैलाए नाच रहे थे। राजा विक्रमादित्य उस मनोहारी दृश्य को देखकर प्रसन्न हो रहे थे। उसी समय उनकी दृष्टि नदी किनारे आए ऐसे तीन प्राणियों पर पड़ी, जिनके जिस्मों पर फटे-पुराने वस्त्र थे।

इन तीनों के चेहरों से ही दीनता टपक रही थी। इनमें दो तो पति-पत्नी थे व एक उनका पुत्र था। तीनों ने किनारे पर पहुँचते ही उदास मन से एक दूसरे के हाथ थामे तथा नदी में छलाँग लगा दी।

तीनों अगले ही पल आत्मरक्षा के लिए पूरी शक्ति से चींखने लगे। उनकी करुण पुकार को सुनते ही राजा विक्रमादित्य का माथा ठनका। उसने उन्हें बचाने की नीयत से नदी में छलाँग लगा दी।

उनके बचाव का प्रयास करते हुए राजा ने सोचा कि एक साथ तीनों प्राणियों को बचाना यदि असंभव नहीं तो कठिन अवश्य होगा। इसलिए उन्होंने तुरंत दोनों बेतालों को मदद के लिए याद कर लिया। याद करते ही वहाँ दोनों बेताल प्रकट हो गए।

"आदेश करें राजन्!" दोनों बेतालों ने जल में तैरते हुए कहा।

"मैं जब तक इस पुरुष को डूबने से बचाता हूँ तब तक तुम लोग इसकी पत्नी और बच्चे की प्राण रक्षा करो।"

राजा विक्रमादित्य का आदेश सुनते ही दोनों बेतालों ने डूबती हुई नारी तथा उसके पुत्र को जल से निकाल कंधों पर लादा व किनारे

पर ले आए। उधर राजा भी काफी कोशिश के बाद पुरुष की जान बचाने में सफल हो गया।

तीनों के ही पेट में पानी भर जाने के कारण घबराए हुए थे। जैसे-तैसे उन्हें सामान्य अवस्था में लाया गया। तदोपरान्त राजा ने उनसे पूछा, "कृपा करके बताइए कि आप लोग कौन हैं व आत्महत्या करने का कुविचार आपके मन में कैसे आया?"

राजन्! मैं निर्धन ब्राह्मण विप्रदास हूँ, साथ में मेरी धर्मपत्नी तथा इकलौता पुत्र है। आपके ही राज्य में हम अत्यंत अभावपूर्ण जीवन गुजारते हुए थक गए तथा जब अन्न में एक-एक दाने को मोहताज हो गए तो हमने प्राण त्यागने का निश्चय कर डाला। क्योंकि इस पेट की आग को शांत करने का अन्य कोई भी विकल्प हमारे पास न था।

हमें इस बात का अनुमान न था कि मौत को गले लगाना भी कितना मुश्किल काम होता है। प्राणों का मोह हमें चींखने पर विवश करने लगा। आपने जो उपकार हम पर किया है उसे हम कभी नहीं भूल पाएँगे।"

राजा ने धीरे से कहा, "मैंने आप लोगों पर कोई उपकार नहीं किया। राजा होने के नाते अपने नागरिकों का प्राण संकट से बचाना मेरा प्रथम कर्त्तव्य है।"

जब विप्रदास को पता चला कि उसे जल से बचाने वाला कोई और न होकर उस राज्य का राजा है तो वह विनम्रतापूर्वक उनके पैरों में गिर गया।

"राजन्! आपने इस समय तो मुझे आत्महत्या करने से रोक लिया, लेकिन मैं सोचता हूँ कि यह निर्धनता कैसे दूर होगी, जिसके कारण मुझे ऐसा करने पर विवश होना पड़ा? अगर मैंने प्राणों का मोह त्यागकर मृत्यु की वेदना को सह लिया होता तो शायद अब मुझे भविष्य की चिंता न सताती।"

"मैंने जब एक बार तुम्हें बचा ही लिया है तो मैं तुम्हें मरने नहीं दूँगा, फिर भी यह तो बताओ कि तुम्हारी इस निर्धनता का मुख्य कारण क्या है?"

"महाराजाधिराज! हम लोग जन्मजात निर्धन हैं, निर्धनता में पालन-पोषण होने के कारण शिक्षा भी प्राप्त न कर सका। पहले तो मेहनत मजदूरी करके पेट की आग को शांत करता रहा लेकिन बाद

में वह सब भी दुर्लभ हो गया। आपकी राजकीय व्यवस्था के अनुसार यहाँ अधिकांश लोग अपने ही हाथों से कार्य करते हैं, वे मजदूरों से कार्य कराने में रुचि नहीं लेते। अतएव आपके राज्य में श्रम का मूल्य एवं महत्व नहीं है।"

विप्रदास की बात सुनकर राजा विक्रमादित्य ने मन-ही-मन कुछ सोचा और मुस्कराते हुए कहने लगे, "अब किसी भी प्रकार की चिंता न करो। आत्महत्या का विचार हमेशा के लिए मन से निकाल दो। मैं तुम्हें आज से ही अपना अतिथि स्वीकार करते हुए अतिथिशाला में आमंत्रित करता हूँ। वहाँ आपका अभावपूर्ण अथवा कष्टमय जीवन से दूर का भी वास्ता न होगा।"

राजा की बात सुनकर विप्रदास ने मन में गंभीरतापूर्वक कुछ सोचा तथा फिर वह कहने लगा, "भली भाँति सोच लो राजन्! आतिथ्य सत्कार का कार्य उतना सरल नहीं होता जितना कि आप समझ रहे हैं।"

"कितना भी कठिन क्यों न हो, और मैं निभाने का प्रयास करूँगा।"

विप्रदास तथा उसके परिवार ने राजा विक्रमादित्य का आतिथ्य स्वीकार कर लिया। राजा ने उन्हें अपनी सुसज्जित अतिथिशाला में भिजवा दिया। नौकरों को उनकी सेवा सुश्रूशा पर लगा दिया गया।

विप्रदास तथा उसका परिवार स्वेच्छा से कहीं भी उठता-बैठता, थूकता, मल-मूत्र त्याग करता, खाने-पीने की चीजों को लापरवाही से बिखेर देता, लेकिन सेवक अपनी ओर से कोई भी ऐसा भाव प्रकट न होने देते जिससे कि विप्रदास के मन को कोई ठेस पहुँचे।

अतिथिशाला का वातावरण जब अत्यंत दुर्गंधपूर्ण हो गया तो सेवकों ने राजा से इस विषय में विनम्रतापूर्वक निवेदन किया। राजा ने कहा, "सत्कार करना हमारा परम धर्म है, अतः उनकी सेवा में कोई कसर न रखी जाए, नियमित सफाई एवं सेवा का ध्यान रखा जाए। हमेशा धैर्य एवं संयम से काम लिया जाए।

इस बात को राजा भी भली-भाँति जानते थे कि इतने दुर्गंधपूर्ण वातावरण में कोई भी सेवक न ठहर पाएगा, अतः उन्होंने नए सेवकों की नियुक्ति न करके स्वयं ही विप्रदास व उसके परिवार की सेवा करने का निर्णय लिया। क्योंकि वे जानते थे कि यदि उन्होंने ऐसा न

किया तो उनकी आतिथ्य सत्कार की प्रतिज्ञा अधूरी रह जाएगी।

राजा एक दिन विप्रदास के वस्त्रों में लगी विष्ठा को साफ कर रहे थे कि तभी अचानक विप्रदास ने अपने पाँव समेट लिए। उसके चेहरे पर दिव्य तेज चमकने लगा और प्रकाश की रश्मियाँ फूटने लगीं। उसके शरीर से फटे-पुराने वस्त्र गायब हो गए। देखते-ही-देखते तीनों का कालाकल्प हो गया। तीनों ही देवलोक के प्राणी नजर आने लगे।

राजा विक्रमादित्य को एक अजीब-सी सुगंध अपने नथुनों से टकराती महसूस हुई। जहाँ कुछ देर पहले ही गंदगी व विष्ठा पड़ी दिखाई दे रही थी, अब वहाँ हीरे-जवाहरातों और बहुमूल्यों रत्नों के ढेर लग गए थे।

देवरुपी विप्रदास ने अगले ही पल राजा को अपने गले लगाया और कहने लगा, "मैं वरुणदेव यहाँ तुम्हारी परीक्षा लेने के उद्देश्य से आया हूँ। तुम प्रजापालन एवं आतिथ्य सत्कार की परीक्षा में सफल हुए। मैं तुम्हें वरदान देता हूँ कि तुम्हारे राज्य में कभी भी सूखा न पड़ेगा। सिर्फ इतना ही नहीं, तुम्हारे राज्य में तीन-तीन फसलें लहलहाया करेंगी।"

राजा को वरदान देकर वरुण देव अंतर्ध्यान हो गए।

रविभामा कथा सुनाकर पलभर के लिए शांत हो गई। कुछ पलों के बाद उसने पुनः कहना आरंभ किया, "राजा भोज! मैं सोचती हूँ कि तुमने मेरे द्वारा सुनाई गई कथा को पूरे मनोयोग से सुना होगा। अब कुछ पलों के लिए इस कथा पर चिंतन-मनन करो तथा स्वविवेक से निर्णय करके यह बताइए कि क्या तुम्हारे अंदर वे गुण विद्यमान हैं जो कि राजा विक्रमादित्य में विद्यमान थे?"

राजा भोज यह सुनकर मौन रह गए। उनकी समझ नहीं आ रहा था कि वे रविभामा को क्या उत्तर दें।

□

सातवीं पुतली

कौमुदी की कथा

राजा की कथा के प्रति तन्मयता को देखकर कौमुदी बोली, "एक समय की बात है राजा! विक्रमादित्य अपने शयनकक्ष में सोए हुए थे। लगभग आधी रात का समय था, तभी किसी नारी का करुणक्रंदन सुनकर उनकी नींद भंग हो गई।

विक्रमादित्य ने जैसे ही रोने की आवाज सुनी, वे उठ बैठे। अपनी राजसी पोशाक धारण की तथा तलवार लेकर आवाज की दिशा में बढ़ गए।

आवाज की दिशा में बढ़ते हुए वे क्षिप्रा नदी के किनारे पहुँचे तो उन्हें नारी के रोने का स्वर और भी अधिक तेजी से सुनाई पड़ने लगा। उन्होंने देखा कि नदी के दूसरे छोर पर एक यौवना घुटनों में मुँह छिपाए रो रही है।

उन्होंने फुर्ती से नदी में छलाँग लगाई और तैरते हुए उसके पास जा पहुँचे।

विक्रमादित्य ने पेड़ों के कुँज के नीचे बैठी रोती हुई नारी से उसके दुःख का कारण पूछा। वह रोते हुए बोली, "तुम्हें अपना दुःख या उसका कारण बता देने से मेरा दुःख कम तो नहीं हो जाएगा।"

"मैं राजा विक्रमादित्य इस नगरी का तुम्हें वचन देता हूँ कि तुम्हारे कष्टों को दूर करने का हर संभव प्रयास करूँगा।"

उस नारी ने सिर झुकाकर राजा विक्रमादित्य का अभिवादन किया और अपने आँसुओं को पोंछते हुए कहने लगी, "जब आप मेरे कष्टों को दूर करने का वचन दे चुके हैं तो सुनिए, मुझ अभागिन का पति चोर है। नगर कोतवाल ने उसे दोषी पाकर पेड़ पर टाँग देने की सजा सुनाई थी। उसके आदेशानुसार मेरे पति को पेड़ पर रस्सियों में जकड़कर लटकाया गया है।"

“अपने पति के साथ हुए न्याय से क्या तुम खुश नहीं हो? क्या तुम्हारे साथ कोई अन्याय हुआ है? यदि वास्तव में ऐसा है तो न्याय पर पुनर्विचार किया जा सकता है।”

“मैं भी इस बात को मानती हूँ कि उसे वही दंड मिला है, जिसका वह दोषी था। लेकिन एक निवेदन है महाराज!”

“निःसंकोच कहो देवी।”

“महाराज इस समय मेरी समस्या यह है कि मैं अपने पति को अन्न-जल प्रदान करने की इच्छा से गई थी, लेकिन जब मैंने उसे अधिक ऊँचाई पर लटके पाया तो निराश होकर लौट आई। लौटने से पूर्व मैंने लोगों से यह निवेदन भी किया था कि वे मेरे पति को जैसे भी संभव हो सके, भोजन करा दें, लेकिन राजदंड के भय से कोई भी मेरी बात मानने को राजी नहीं हुआ।”

“मैं तुम्हारे कष्ट को समझ रहा हूँ देवी! मुझे चलकर दिखाओ कि फिलहाल तुम्हारा पति किस वृक्ष पर टंगा हुआ है?”

उस स्त्री ने कुछ ही पलों के बाद राजा को ले जाकर वह स्थान दिखाया जहाँ उसके पति को पेड़ पर लटकाया हुआ था। इस समय वह जमीन से 5-6 फुट की ऊँचाई पर था। यह ऊँचाई उस स्त्री की पहुँच से बाहर थी। कुछ सोचते हुए राजा विक्रमादित्य ने कहा, “एक काम करो देवी! मैं तुम्हारा भार बड़ी सरलता से वहन कर सकता हूँ। अतः मेरे कंधों पर सवार होकर अपने पति को अन्न-जल प्रदान करो। ऐसा करने से न तो राजदंड का नियम ही टूट पाएगा और न ही तुम्हारे पति को मरते समय भूख-प्यास की पीड़ा सहन करनी पड़ेगी।”

राजा की बात मानकर वह स्त्री उसके कंधों पर सवार हो गई। राजा उठकर खड़ा हुआ तो आसानी से उस स्त्री की पहुँच पेड़ पर लटकते हुए पति तक हो गई।

दरअसल जो स्त्री राजा के कंधों पर सवार हुई थी, वह कोई स्त्री न होकर एक पिशाचिनी थी। उसने यह प्रण किया हुआ था कि वह एक न एक दिन राजा के कंधों पर सवार होकर मानव का भक्षण करेगी। उसने पेड़ पर लटके चोर को खाकर अपना प्रण पूरा किया और संतुष्ट होकर नीचे कूद पड़ी।

राजा के सामने खड़े होकर वह कहने लगी, “मुझे तुमने प्रसन्न

किया विक्रमादित्य! खुश होकर मैं तुम्हें मुँहमाँगा वरदान देने को तैयार हूँ।"

"अगर आप वाकई मुझसे प्रसन्न हैं तो मुझे अन्नपूर्णा दे डालिए, जिसके बल पर मैं अपनी प्रजा को मनोवांछित भोजन दे सकूँ।"

स्त्री रूपी पिशाचनी ने राजा के वचनों को सुनकर कहा, "आपका मनोरथ अवश्य ही सिद्ध होगा राजन्, लेकिन मेरे द्वारा नहीं, मेरी बहन के द्वारा। वह अन्नपूर्णा की स्वामिनी है। वह उधर एक झोंपड़ी में रहती है, आपको मेरे साथ वहाँ तक चलना होगा। मैं उससे कहकर आपको अन्नपूर्णा दिला दूँगी।"

राजा विक्रमादित्य, उस स्त्री रूपी पिशाचिनी के साथ उसकी बहन के पास जा पहुँचे। उसने झोंपड़ी के बाहर खड़ी होकर अपनी बहन को पुकारा तो एक यौवना बाहर निकली। वह सम्मानपूर्वक दोनों को भीतर ले गई।

पिशाचिनी ने राजा का अपनी बहन से परिचय कराते हुए उनके द्वारा किए गए उपकार की बात उसे बताई और कहने लगी, "सुनो बहन! मेरे विचार से तो अन्नपूर्णा के सबसे बड़े अधिकारी राजा विक्रमादित्य ही हैं, कृपा करके वह अन्नपूर्णा इन्हें दे दो।"

उस यौवना ने अपनी बहन की बात माल ली तथा वह अन्नपूर्णा पात्र राजा को प्रदान करते हुए कहने लगी, "इस चमत्कारी पात्र से जो भी स्वादिष्ट व्यंजन माँगा जाएगा, यह उसे तत्काल उपस्थित करेगा।"

राजा विक्रमादित्य अन्नपूर्णा पात्र लिए हुए प्रसन्नतापूर्वक अपने राजमहल की ओर चल दिए। राजमहल पहुँचते-पहुँचते भोर हो चुकी थी। राजमहल से थोड़ी दूरी पर उन्हें एक ब्राह्मण साधु दिखाई दिया जिसने मिलते ही राजा से भोजन की याचना की।

राजा के मन में विचार आया अन्नपूर्णा पात्र की परीक्षा कर लेने का इससे उत्तम अवसर और कौन-सा हो सकता है। यही सोचते हुए राजा ने अन्नपूर्णा को हाथ में लेकर कहा, "हे अन्नपूर्णा पात्र! ब्राह्मण संन्यासी को स्वादिष्ट भोजन कराइए।"

राजा का वाक्य पूरा होते ही, स्वादिष्ट भोजन की थालियाँ संन्यासी के सामने आने लगीं। ब्राह्मण ने पेट भर भोजन किया। भोजन के बाद आपको दक्षिणा देना भी तो मेरा धर्म बनता है। कहिए

आपको दक्षिणा में क्या दिया जाए?" राजा ने ब्राह्मण से विन्रमतापूर्वक कहा।

ब्राह्मण अन्नपूर्णा का चमत्कार तो देख ही चुका था, अतः उसने राजा से वही दक्षिणा में माँग लिया। राजा ने एक पल गँवाए बिना अन्नपूर्णा पात्र को दक्षिणा में ब्राह्मण को दे दिया। राजा ने उसे देते समय कोई संकोच नहीं किया, क्योंकि वह विशाल हृदय के स्वामी थे।"

अपनी कथा समाप्त करके पुतली पलभर के लिए मौन हो गई। कुछ पलों के बाद फिर बोली, "अब इस कथा का मनन-चिंतन करके बताओ कि क्या तुमने किसी भूखे को भोजन कराया है? अगर ऐसा किया है तो मैं तुम्हें सिंहासन पर विराजमान होने की अनुमति दे सकती हूँ। यदि नहीं किया तो सिंहासन का मोह त्याग दो। तुम पहले विक्रमादित्य की तरह विशाल हृदय बनकर दिखाओ, उसके बाद इस पर बैठना।"

□

आठवीं पुतली

पुष्पावती की कथा

पुष्पावती ने कहना शुरू किया–

महाराजा विक्रमादित्य एक महान कलापारखी माने जाते थे। उन्हें विश्व की श्रेष्ठतम कलाकृतियों को खरीदने तथा उनसे अपने राजमहल को सुसज्जित करने का शौक था। एक दिन की बात है उनके दरबार में एक बढ़ई उपस्थित हुआ। वह अपने साथ एक शानदार घोड़ा लेकर आया था।

वह घोड़ा देखने में किसी जीवित एवं हृष्ट-पुष्ट घोड़े के समान लगता था, लेकिन जब बढ़ई ने उन्हें बताया कि यह तो लकड़ी का घोड़ा है तो सभी दरबारीगण आश्चर्य में पड़ गए।

बढ़ई ने अपने घोड़े की प्रशंसा करते हुए बताया, "महाराज! मैंने इसे वर्षों के अथक परिश्रम से तैयार किया है। इसकी सबसे बड़ी विशेषता है कि यह पृथ्वी, पानी एवं आकाश में एक समान दौड़ सकता है।"

राजा विक्रमादित्य घोड़े की विशेषताओं के विषय में सुनते ही उस पर मुग्ध हो गए। राजदरबार में उसके आने का कारण पूछा गया तो वह कहने लगा, "मैंने अपनी इस अद्वितीय कारीगरी के नमूने के विषय में काफी विचार करने के बाद यह निश्चय किया है कि विश्व में आप ही एक ऐसे गुणग्राहक हैं, जिसके पास यह घोड़ा होना चाहिए। आप ही इसका सही मूल्य चुका सकते हैं।"

"अपनी इस कला का तुम क्या पारितोषिक लेना चाहते हो?"

"जी एक लाख स्वर्णमुद्राएँ।"

कुछ देर के बाद राजा ने अपने कोषाध्यक्ष को आदेश दिया कि कारीगर को एक लाख स्वर्णमुद्राएँ देकर घोड़ा खरीद लिया जाए। राजा के आदेश का तत्काल पालन किया गया। बढ़ई के साथ एक

खुले मैदान में जा पहुँचे। मैदान में पहुँचकर बढ़ई ने घोड़े को संचालित करने के बारे में बताया। तथा घोड़े को तीव्रतम गति से दौड़ाकर दिखाया।

राजा ने घोड़े की गति से संतुष्ट होकर उसे अस्तबल में बँधवा दिया। कुछ दिनों के बाद राजा ने शिकार खेलने का मन बनाया तो उन्होंने अपने सेवकों को अस्तबल से घोड़ा खोलकर लाने को कहा। राजा का आदेश पाते ही सेवकों ने घोड़ा उनके सामने लाकर खड़ा कर दिया गया। उन्होंने घोड़े के कल-पुर्जों को दबाकर उसी ढंग से संचालित किया, जैंसे कि घोड़े को बेचने से पूर्व बढ़ई ने बताया था।

घोड़ा पलक झपकते ही हवा से बातें करने लगा। शिकार के दिन जाते समय राजा ने अपने कुछ सैनिकों को भी साथ ले लिया था, लेकिन घोड़े की तेज रफ्तार के कारण वे सभी बहुत पीछे रह गए थे।

उसी समय राजा को तो सिर्फ इस बात का शौक था कि घोड़े को अधिक-से-अधिक रफ्तार पर दौड़ाकर देखा जाए। अतः उन्हें अपने पीछे टूट गए सैनिकों का भी ख्याल न रहा था।

राजा के लिए जब घोड़े का वेग असहनीय हो गया तो उन्होंने एक दूसरे कल-पुर्जे को दबाया, ताकि घोड़े की गति कुछ कम हो जाए। जल्दबाजी में वे कोई गलत पुर्जा दबा गए जिसके कारण घोड़ा उसी गति से नीचे की ओर उतरने लगा। इस समय वे एक घने जंगल के ऊपर से उड़ रहे थे, लेकिन जैसे ही वे घोड़े के साथ नीचे आना चाहते थे, घोड़ा एक वृक्ष से टकराकर चूर-चूर हो गया। उसके सभी कल-पुर्जे इधर-उधर बिखर गए।

सौभाग्यवश राजा विक्रमादित्य किसी सुरक्षित स्थान पर गिरने के कारण चोट लगने से बच गए थे। घने जंगल में राजा को दिशा-भ्रम हो गया था। उसकी समझ में न आ रहा था कि किस प्रकार वापिस लौटा जाए।

थोड़ी दूर चलने पर उन्हें किसी संन्यासी की कुटिया दिखाई दी। वे इधर बढ़ना ही चाहते थे कि तभी एक बंदरिया उनके करीब आई और उछल-कूद करके राजा को कुछ समझाने की कोशिश करने लगी। राजा उसके संकेत को पूरी तरह समझ तो न सके थे, लेकिन उन्होंने फिलहाल कुटिया में जाने का इरादा बदल दिया।

राजा ने अपनी भूख शांत करने के लिए वृक्ष से फल तोड़कर

खाए और एक पेड़ पर चढ़कर विश्राम करने लगे। शाम का अँधेरा घिरते ही, उन्हें एक संन्यासी आता दिखाई पड़ा। संकेत से उसने पेड़ पर चढ़ी बंदरिया को अपने करीब बुलाया तथा बंदरिया को अपने साथ कुटिया में लिवा ले गया।

राजा पेड़ से उतरे और एक ओर छिपकर कुटिया में बैठे साधु की गतिविधियाँ देखने लगे। उन्हें उम्मीद थी कि इस प्रकार बंदरिया के संकेतों को समझने में भी कुछ मदद मिल सकती है।

उन्होंने देखा कि संन्यासी ने बंदरिया को उस स्थान पर बिठाया जहाँ दो घड़े रखे हुए थे। उसने एक घड़े से अभिमंत्रित जल लेकर बंदरिया पर छिड़का तो वह एक सुंदर राजकुमारी के रूप में बदल गई।

राजकुमारी बनकर उस बंदरिया ने संन्यासी के लिए स्वादिष्ट भोजन तैयार किया। उसे भोजन कराने के बाद वह उसकी सेवा करने शय्या पर जा पहुँची। वह पूरे मनोयोग से उसके चरण दबाने लगी।

प्रात: होने पर संन्यासी उठा तथा एक दूसरे घड़े से अभिमंत्रित जल लेकर राजकुमारी पर छिड़क दिया। जल छिड़कते ही राजकुमारी फिर से बंदरिया बन गई। संन्यासी बंदरिया के साथ कुटिया से बाहर निकल आया तथा उसे छोड़कर अपनी मंजिल की ओर बढ़ गया।

राजा विक्रमादित्य ने इस आश्चर्य को देखकर विचार किया कि निश्चय ही यह कोई अभिशप्त राजकुमारी हो सकती है, इसे मुक्ति दिलाने का प्रयास करना चाहिए। दृढ़ संकल्प के साथ वे बंदरिया के पास पहुँचे। उन्होंने महसूस किया कि वह राजा का सहयोग पाने का संकेत कर रही है।

राजा विक्रमादित्य बंदरिया को लेकर साधु की कुटिया में जा पहुँचे तथा अभिमंत्रित जल छिड़ककर उसे राजकुमारी बना दिया। राजकुमारी राजा के कदमों में झुककर कहने लगी, "मैं परम यशस्वी राजा विक्रमादित्य का अभिवादन करती हूँ।"

"तुमने कैसे जाना कि मैं ही राजा विक्रमादित्य हूँ?"

"राजन्! मैं कामदेव और अप्सरा पुष्पवती की संतान कामिनी हूँ। एक दिन शिकार खेलते समय मुझसे एक बाण ऐसा छूट गया जो कि हिरण को न लगकर एक तपस्वी की भुजा को बींधता चला गया। जैसे ही मैं तपस्वी की चीख सुनकर उसके करीब पहुँची, उसने मुझे

शाप दे दिया कि मैं आधा समय एक बंदरिया बनकर तथा शेष समय राजकुमारी बनकर उसी तपस्वी की सेवा में गुजारूँगी।

उस तपस्वी से मैंने रोते हुए क्षमा माँगी तो वह कहने लगा कि शाप का प्रभाव मिट तो नहीं सकता लेकिन वन में भटकता हुआ जो प्रथम पुरुष मेरे सामने आएगा वह महान् यशस्वी राजा विक्रमादित्य होगा। उसके दर्शनों के प्रभाव से शाप मिटने लगेगा, लेकिन पूर्णतः शाप तभी खत्म होगा, जबकि वह तपस्वी खुश होकर कोई उपहार देगा। उपहार पाने के उपरांत मैं राजा विक्रमादित्य को पति रूप में वरण कर पाने में सफल रहूँगी। इस तरह मैं आपको आते ही पहचान गई थी कि आप ही राजा विक्रमादित्य हैं।"

"यह सब तो ठीक है लेकिन मैं तुम्हें उस समय तक नहीं अपना सकता जब तक कि वह तपस्वी तुम्हें कोई उपहार न दे दे।"

"उस तपस्वी के आते ही मैं उससे वह उपहार माँगूँगी।" राजकुमारी ने राजा से कहा।

राजा ने कुछ सोचते हुए उस पर जल छिड़ककर फिर उसे बंदरिया बना दिया। इसके बाद वे फिर से वृक्ष की शाखाओं में जा छिपे।

तपस्वी के आने पर बंदरिया उसके करीब जा पहुँची। तपस्वी ने उसे जल छिड़ककर राजकुमारी बना दिया। राजकुमारी तपस्वी को स्वादिष्ट भोजन कराने के बाद उसकी सेवा करने लगी। सेवा करते हुए उसने तपस्वी से उपहार माँगा। तपस्वी ने तुरंत हवा में हाथ लहराया तो उसके हाथ में एक ताजा खिला हुआ सुंदर कमल का फूल आ गया।

तपस्वी राजकुमारी को फूल देते हुए बोला, "इसे संभाल कर रखना, यह चमत्कारी पुष्प है। यह सदैव इसी प्रकार खिला रहेगा तथा तुम्हें प्रतिदिन एक रत्न प्रदान करेगा। मैं अपनी विद्या से यह भी जान चुका हूँ कि यहाँ तुम्हारा मनोवांछित वर राजा विक्रमादित्य आ चुका है। मैंने तुम्हें पूर्णतः शाप मुक्त कर दिया है। तुम उसे पति के रूप में अपनाकर अपना शेष जीवन उसकी सेवा में गुजार सकती हो।"

यह कहते हुए तपस्वी ने राजकुमारी कामिनी को विदा करके कुटी से बाहर निकला दिया। राजकुमारी जैसे ही पेड़ के करीब

पहुँची, राजा उसके समीप आ गया। राजकुमारी ने उसे तपस्वी की बातें बताते हुए कमल का पुष्प उपहारस्वरूप दे दिया।

जब राजा ने देखा कि वह पूर्णत: शाप मुक्त हो गई है तो उसने दोनों बेतालों का आह्वान किया। पलक झपकते ही दोनों बेताल हाजिर हो गए। राजा का आदेश पाते ही दोनों बेताल राजा और राजकुमारी को लेकर उज्जैन नगरी के लिए चल पड़े।

अपने महल से अभी वे थोड़ी दूर थे कि एक बच्चा कमल के पुष्प को देखकर मचलने लगा। राजा ने उसे सहर्ष दे दिया। राजमहल में आकर राजा ने राजकुमारी को पत्नी के रूप में स्वीकार किया तथा सुखपूर्वक समय गुजारने लगे। कुछ दिनों के बाद राज्य का दीवान एक निर्धन आदमी को पकड़कर लाया। उस पर रत्न बेचने का आरोप था। पूछताछ करने पर ज्ञात हुआ कि जिस बालक को राजा ने फूल दिया था, वह उसका पिता है। उसे ये रत्न कमल के पुष्प से ही प्राप्त हुए थे। कुछ सोचते हुए राजा ने सभी रत्नों को खरीद लिया तथा उसे धन देकर ससम्मान विदा कर दिया। दीवान को निर्देश दिया गया कि भविष्य में सिर्फ शक के आधार पर ही किसी को न पकड़ा जाए।

कथा सुनाकर पुतली बोली, "राजा भोज! अगर तुममें वे गुण विद्यमान हैं, जो विक्रमादित्य में थे तो सिंहासन पर बैठो, वरना अपने शयनकक्ष को लौट जाओ।"

राजा भोज ने अपने शयनकक्ष में लौट जाने में ही भलाई समझी। उनके जाते ही पुतली भी सिंहासन के उसी हिस्से में जा समाई, जिससे वह प्रकट हुई थी। अगले दिन जैसे ही राजा भोज ने सिंहासन की ओर कदम बढ़ाया, नवीं पुतली मधुमालती ने राजा को रोक दिया और कहने लगी–

□

नवीं पुतली

मधुमालती की कथा

राजा विक्रमादित्य ने एक बार प्रजा की सुख-समृद्धि हेतु एक विशाल यज्ञ का आयोजन किया। इसके लिए सैकड़ों वेदपाठी ब्राह्मणों को बुलाया गया। यज्ञ कई दिनों तक चला। यज्ञ की समाप्ति राज्य के सम्मानित एवं प्रभावी नागरिकों को भी बुलाया गया। दूसरे राज्यों के राजाओं को भी आमंत्रित किया गया।

जब संपूर्ण आहुति की बेला आई, तब एक ऋषि आते दिखाई पड़े। उस समय राजा यज्ञ कराने में लगे थे अतः उन्होंने उठना उचित न समझा व ऋषि को मन ही मन प्रणाम किया। ऋषि ने राजा को आशीर्वाद दिया।

यज्ञ से उठने के बाद राजा ने मुस्कराते हुए कहा, "ऋषिवर! आपने मेरे अभिवादन से पूर्व ही आशीर्वाद दे डाला। क्या यह उचित है? सुनने में आता है कि अभिवादन से पूर्व दिया गया आशीर्वाद शाप के समान होता है।

ऋषि ने राजा के प्रश्न का उत्तर देते हुए कहा, "राजन्! जिस भाव से आपने अभिवादन किया, उसी भाव से मैंने भी आशीर्वाद दे दिया। उचित-अनुचित का तो कोई प्रश्न ही नहीं है।"

"ऋषिवर! मैंने तो यह बात यूँ ही परिहास में कह डाली थी, आशा है कि आप उसे अधिक गंभीरता से नहीं लेंगे।"

राजा विक्रमादित्य ऋषि से भली-भाँति परिचित थे। वे नगर से बाहर एक गुरुकुल चला रहे थे। यज्ञ के मौके पर आश्रम के लिए धन और खाद्य सामग्रियाँ भेजी जानी जरूरी थीं। राजा ने तुरंत कोषाध्यक्ष को आश्रम के लिए एक लाख स्वर्ण मुद्राएँ तथा विद्यार्थियों के वस्त्र एवं भोजनादि की व्यवस्था करने का आदेश दिया।

ऋषि से साहस बटोर कर कहा, "महाराज! इस समय मैं आपके

सम्मुख एक अन्य समस्या को लेकर उपस्थित हुआ हूँ।"

"आप आदेश करे ऋषिवर! आपकी समस्या का समाधान तुरंत किया जाएगा।"

"राजन्! मेरी समस्या छः अबोध बच्चों की जीवन-रक्षा से संबंध रखती है। अगर यह समस्या न होती तो मैं आपको असमय परेशान करने न आता।"

"वे अबोध बच्चे कौन हैं तथा किस कारण से उनके प्राण संकट में हैं?"

"मैंने अपने आश्रम के कुछ बच्चों को जब लकड़ियाँ लेने भेजा, वे छः बच्चे भी उनके साथ चल दिए। अचानक दो राक्षस प्रकट हुए तथा छः बच्चों को उठाकर ले गए। जाते समय उन्होंने कहा कि वे काली को बलि देने के लिए इन्हें ले जा रहे हैं अगर इन्हें मुक्त कराना चाहते हो तो बदले में किसी पुरुष को अपनी बलि देनी होगी।"

राजा को यह सुनते ही क्रोध आ गया। उसने म्यान से तलवार खींच ली।

अपनी बात जारी रखते हुए ऋषि ने कहा, "मैं उनकी खोज में गया तो पहाड़ी से अदृश्य राक्षस की आवाज आई। वह कह रहा था कि छहों बच्चों को बाँधकर पहाड़ी की चोटी पर रखा गया है। किसी ने उन्हें बलपूर्वक ले जाने का दुःसाहस किया तो उन्हें चोटी से नीचे धकेल कर मार दिया जाएगा।"

"तुमने उनसे बच्चों को छुड़ाने का निवेदन तो किया ही होगा?"

"राजन्! मैं तो बच्चों को बचाने के लिए अपनी बलि देना चाहता था, लेकिन वह किसी स्वस्थ क्षत्रिय पुरुष की बलि लेना चाहता है। मुझसे उन बच्चों के माता-पिता का विलाप नहीं देखा जाता।"

राजा ने कहा, "आप चिंता न करें ऋषिवर! हम खुद बच्चों को बचाने के लिए अपनी बलि प्रस्तुत करेंगे। आप जाकर बच्चों के अभिभावकों को धीरज बधाएँ।"

"राजन्! क्या आप खुद अपनी बलि देने जाएँगे?"

"हाँ, हम खुद जाएँगे, क्योंकि प्रजा की रक्षा का दायित्व हमारा ही बनता है।"

यह सुनकर ऋषि लौट गए। कुछ देर बाद ही राजा ने पहाड़ी पर जाने के लिए चल दिए। जब राजा पहाड़ी पर चढ़ने लगे तो दोनों राक्षसों के भयानक अट्टाहस गूँजने लगे। राजा निर्भीकतापूर्वक उनके पास जा पहुँचा।

"उन बच्चों को सुरक्षित आश्रम पहुँचा दो, तुम्हारी शर्त के मुताबिक मैं क्षत्रिय राजा विक्रमादित्य अपनी बलि काली को देने के लिए तैयार हूँ।"

उनमें से एक राक्षस ने छहों बच्चों को उठाकर सुरक्षित आश्रम में पहुँचा दिया तथा दूसरा राजा को बलि देने के स्थान की ओर ले जाने लगा। शीघ्र ही विक्रमादित्य को एक गुफा में काली की प्रतिमा के सामने पहुँचा दिया गया।

जब राक्षस के आदेश के अनुसार राजा ने देवी की प्रतिमा के आगे सिर झुकाया तो राक्षस ने गर्दन पर वार करने के लिए पूरी ताकत से फरसा ऊपर उठाया। अभी राजा विक्रमादित्य मन-ही-मन देवी से अंतिम प्रार्थना कर ही रहा था कि राक्षस ने फरसा एक ओर फेंक दिया। तभी दूसरे राक्षस ने उसे आगे बढ़कर गले से लगा लिया और कहने लगा, "हम तुम्हारी परीक्षा ले रहे थे राजा विक्रमादित्य। तुम धन्य हो जो अबोध बच्चों के प्राण संकट से बचाने के लिए अपने प्राण संकट में डालने को तैयार हो गए।"

राजा को अगले ही पल शीतल हवाओं का एक सुगंधित झोंका अपने जिस्म से टकराता महसूस हुआ। पूरा बलि स्थल अजीब प्रकाश से चकाचौंध हो उठा। राजा ने आँखें खोलीं तो पाया कि उन दोनों राक्षसों के स्थान पर देवराज इंद्र एवं पवन देवता उनकी परीक्षा लेने के लिए उपस्थित थे। उन्हें गले लगाने वाला तेजस्वी पुरुष देवराज इंद्र ही था।

उन्हें देवराज इंद्र ने आशीर्वाद देते हुए कहा, "हमारे द्वारा ली जाने वाली परीक्षा में तुम एकदम खरे उतरे राजा विक्रमादित्य। इस दुनिया में तुम जैसा निर्भीक एवं परोपकारी राजा अन्य कोई न हुआ और न होगा। तुम्हारी परीक्षा लेने से यह सिद्ध हो गया है कि तुम न सिर्फ सांसारिक भोग की चीजें दान दे सकते हो, अपितु अपने प्राणों को भी न्यौछावर कर सकते हो।"

राजा पर पुष्प वर्षा होने लगी। उन्हें सुख-समृद्धि एवं यशस्वी होने का आशीर्वाद देकर दोनों देवता देवलोक को प्रस्थान कर गए। कुछ पलों के बाद राजा भी अपनी राजधानी लौट गए।"

अपनी कथा समाप्त करके नौंवी पुतली मधुमालती पलभर के लिए शांत हो गई। कुछ पलों के बाद वह पुनः बोली, "अगर तुमने मेरी कथा को पूर्णतः ध्यानूर्वक सुना है तो बताओ कि क्या कभी तुमने राजा विक्रमादित्य की भाँति किसी विशाल यज्ञ के आयोजन में दूर-दूर से वेदपाठी ब्राह्मणों व राजाओं को आमंत्रित किया है? क्या कभी तुमने अपनी प्रजा की रक्षा के लिए खुद को देवी की बलि के लिए प्रस्तुत किया है? क्या कभी देवताओं के द्वारा तुम्हारी परीक्षा ली गई है, जिसमें तुम खरे उतरे हो और देवताओं ने तुम्हें प्रसन्न होकर आशीर्वाद दिया हो?"

मधुमालती के प्रश्नों का राजा भोज के पास कोई ठोस उत्तर न था।

"राजा भोज मौन क्यों साध गए? मेरे प्रश्नों का उत्तर दो। यदि तुममें राजा विक्रमादित्य के समान एक भी गुण विद्यमान हो तो सिंहासन ग्रहण कर लो, और यदि तुम्हें लगता है कि तुम्हारे अंदर वैसा एक भी गुण नहीं है तो राजसिंहासन पर बैठने का मोह त्याग दो।"

यह सुनने के बाद राजा भोज को वहाँ पलभर ठहरना भी मुश्किल हो गया। वह शर्मिंदगी के साथ सिर झुकाए अपने शयनकक्ष की ओर बढ़ गया। उनके जाने के बाद नौंवी पुतली भी सिंहासन के उसी हिस्से में जाकर विलीन हो गई जहाँ से वह प्रकट हुई थी।

शयनकक्ष में पहुँचकर भी राजा को आराम न मिल सका। भोर होने पर वह उठा और शुभ मुहूर्त होते ही दिव्य सिंहासन की ओर बढ़ने लगा। लेकिन उसी समय सिंहासन के एक विशेष हिस्से से दसवीं पुतली प्रकट हुई और राजा को सिंहासन की ओर बढ़ने से रोकती हुई कहने लगी।

□

दसवीं पुतली

प्रभावती की कथा

राजा की उत्कंठा को जानकर सिंहासन की दसवीं पुतली प्रभावती ने कथा सुनानी प्रारंभ की।

"जब राजा विक्रमादित्य एक दिन शिकार को गए तो उनका घोड़ा उन्हें लेकर इतना आगे निकल गया कि उनके साथ आए हुए सैनिक भी बहुत पीछे रह गए थे। दिशा भ्रम होने के कारण राजा इधर-उधर भटकने लगा।

वे आगे बढ़ना ही चाहते थे कि उन्हें पेड़ में पड़े फंदे को गले में डालकर आत्महत्या करता हुआ एक सुंदर तथा ओजस्वी युवक दिखाई पड़ा। जैसे ही वह फंदे को गले में डालकर नीचे झूला, उसी समय राजा विक्रमादित्य ने उसके पैरों के नीचे अपने कंधे का सहारा देकर उसके फंदे को ढीला कर दिया और उसे डाँटते हुए बोले, "नीचे उतरो वर्ना आत्महत्या के प्रयास के अपराध में कठोर दंड दूँगा।"

यह युवक बचाने वाले की कड़कदार आवाज सुनकर ही यह अनुमान लगा चुका था कि उसे बचाने वाला निश्चय ही यहाँ का राजा है। अतः युवक ने डरते हुए गले से फाँसी का फंदा निकाल दिया और नीचे आ गया। राजा ने उसकी गर्दन को सहलाते हुए कहा, "क्या तुम्हें इतना भी ज्ञान नहीं कि आत्महत्या से बढ़कर कोई गुनाह नहीं है?"

"राजन्! मैं जानता हूँ कि दुनिया में आत्महत्या से बड़ा कोई पाप नहीं है लेकिन अगर जीवन में निराशा के सिवाय कुछ भी शेष न रहे तो जीने की इच्छा समाप्त हो जाती है।"

"तुम स्वस्थ हो, शक्तिशाली हो, होनहार दिखते हो, तुम चाहो तो निराशा को आशा में बदल सकते हो। अपने तमाम अधूरे सपने

साकार कर सकते हो।"

"अपने सपनों को साकार करने के लिए मैं न जाने कितनी बार प्रयास कर चुका हूँ। लेकिन निराशा के सिवाय कुछ भी हाथ नहीं लगता।"

"ऐसा कौन-सा मनोरथ है जो प्रयत्न के बाद भी अधूरा रह गया?"

"राजन्! मैं कालिंजर निवासी वसु हूँ। एक बार मैंने एक जंगल से गुजरते हुए एक ऐसी यौवना को देखा जो अपने सौंदर्य के कारण अप्सराओं को भी मात दे रही थी। पहली ही नजर में उसने मेरा दिल चुरा लिया। मेरी बेताब नजरें उसके चेहरे से हटने का नाम नहीं लेती थी।

मैंने उस यौवना के पास जाकर जब प्रणय निवेदन किया, वह मुस्कराने लगी। इस मुस्कान का कारण पूछने पर उसने बताया कि अपने दुर्भाग्य के कारण न तो वह किसी से प्रेम कर सकती है और न ही किसी से विवाह कर सकती है।

अपने बारे में उसने बताया कि उसका जन्म किसी राजपरिवार में हुआ था, लेकिन जन्म के समय पंडितों ने बताया कि उसका मुख-दर्शन माता-पिता के लिए अनिष्टकारी होगा। अगर उसके विवाह से पूर्व माता-पिता उसका दर्शन करते हैं तो उन्हें प्राण संकट का सामना करना पड़ सकता है। राज्य पर भी घोर विपत्ति आ सकती है। उन्होंने बताया कि मेरा विवाह उसी युवक के साथ हो सकता है जो कि खौलते तेल के पात्र में कूदकर सकुशल बाहर वापस आ जाएगा।

ज्योतिषों की बात मानकर मेरे माता-पिता ने मुझे एक योगी को सौंप दिया। उस योगी ने मुझे पाल-पोसकर बड़ा भी किया है। अब उस शर्त के अनुसार मेरा विवाह इस योगी की देख-रेख में ही होगा। वैसे मुझ पर खर्च होने वाला सारा धन मेरे पिता की ओर से ही योगी को मिलता रहा है।

उस यौवना से विवाह करने की इच्छा से मैं भी गया, लेकिन जब मैंने खौलते हुए तेल से जले-भुने युवकों के अस्थि-पंजर पड़े देखे तो मेरी हिम्मत जवाब दे गई। मैं निराश होकर लौट तो आया लेकिन आज भी उस यौवना को भुला नहीं पाया हूँ।

उसके बिना मेरा सोना-जागना, खाना-पीना, सुख-चैन सब छिन गया है। आज मैं इस दुनिया की भीड़ में खुद को एकदम अकेला महसूस कर आत्महत्या का मन बना बैठा।"

उस युवक को समझाते हुए राजा ने कहा कि वे उसकी शादी अपने राज्य की सबसे सुंदर कन्या से करा देंगे। लेकिन उसे राजा की बात अच्छी न लगी।

वह युवक किसी भी कीमत पर जब उस यौवना को भुलाने को तैयार न हुआ तो राजा ने उसकी मदद करने का वचन दे डाला। राजा ने बेतालों को याद किया। बेताल उस पर दया करके राजा विक्रमादित्य तथा युवक को लेकर उस योगी के पास जा पहुँचे, जहाँ वह यौवना रहती थी।

वे वहाँ पहुँचकर योगी से मिले। उन्होंने स्पष्ट शब्दों में कहा कि वे किसी के लिए राजकुमारी को पाने की कोशिश करेंगे। उन्हें खौलते तेल में कूदने वाली शर्तें मंजूर हैं। योगी ने राजा विक्रमादित्य की बात स्वीकार कर ली।

अपनी सखियों के साथ अठखेलियाँ करते हुए राजकुमारी उसी समय वहाँ आ आई। राजा ने उसके रूप यौवन को देखा तो वह भी मंत्रमुग्ध-सा हो गया। अगले ही पल उन्होंने योगी से खौलते तेल की व्यवस्था कराने को कहा। शीघ्र ही उसकी व्यवस्था भी हो गई। तेल की व्यवस्था हो जाने पर राजा विक्रमादित्य ने माँ काली का स्मरण किया और माता का जयकारा लगाते हुए खौलते तेल में कूद पड़ा। जब राजा को बाहर निकाला गया, तब वह बुरी तरह जल-भुन गया था। बाहर निकलते ही राजा के प्राण-पखेरू उड़ गए।

तेल में कूदते समय राजा ने माँ काली का जयकारा लगाया था, अतः अपने भक्त पर प्रसन्न होकर उन्होंने दोनों बेतालों को आदेश दिया कि उनके भक्त राजा विक्रमादित्य को तुरंत प्राणदान दिया जाए क्योंकि उसने परोपकार के कारण ही अपने प्राण गँवाए हैं।

बेतालों ने तुरंत माँ काली के आदेश का पालन किया। उन्होंने घटनास्थल पर पहुँचकर राजा के मुँह में अमृत टपकाया तो राजा माँ काली का जयकारा लगाते हुए उठ बैठा। यह देखकर सभी विस्मय में पड़ गए। योगी का मुख आश्चर्य से खुला का खुला रह गया। राजकुमारी भी खुशी से झूम उठी।

"आपकी शर्त के मुताबिक अब तो मैं राजकन्या को पाने का अधिकारी बनूँगा?"

"राजन्! इस बात से तो कोई भी इंकार नहीं कर सकता।"

शीघ्र ही योगी ने राजकन्या के पिता को संदेश भिजवा दिया। राजा ने आकर विक्रमादित्य के विषय में सुना तो बहुत प्रसन्न हुए। वसु के साथ राजकुमारी का विवाह विधि-विधान से संपन्न हुआ। कन्यादान के साथ-साथ आधा राजपाट भी वसु को दे दिया गया।

वसु भी एक राजकुमार था। षड्यंत्रकारियों के द्वारा उसके माता-पिता की हत्या करके उनका राजपाट छीन लिया गया था। लेकिन राजकुमारी के साथ आधा राजपाट मिल जाने से वसु ने अपनी सैन्य शक्ति को सुदृढ़ किया और हमला करके शत्रुओं को मौत के घाट उतारकर उनसे अपना सारा राज्य वापिस ले लिया।

राजा विक्रमादित्य का वसु और राजकुमारी दोनों ने आभार व्यक्त किया। उन्होंने विक्रमादित्य से अपना राजतिलक कराया और निर्भीकतापूर्वक राज्य करने लगे।"

"अब यह बताओ कि क्या अपने जीवन में तुमने कोई ऐसा परोपकार किया है, जिसमें तुम्हें अपने प्राण संकट में डालने पड़े हों। क्या तुमने विक्रमादित्य की तरह कभी त्याग किया है, निस्वार्थ, भाव से कभी किसी की मदद की है? अगर ऐसा किया है तो मैं तुम्हें सिंहासन पर बैठने के लिए आमंत्रित करती हूँ, अगर तुमने कोई भी ऐसा कार्य नहीं किया तो इस दिव्य सिंहासन को पाने का ख्याल हमेशा के लिए दिल से निकाल दो।"

पुतली के प्रश्न का राजा के पास कोई उत्तर नहीं था। अतः वे किसी अपराधी की तरह वहाँ से चल पड़े। उनके जाते ही पुतली भी सिंहासन में विलीन हो गई। अगले रोज राजा भोज पुनः अपना मनोरथ सिद्ध करने के उद्‌देश्य से शुभ मुहूर्त में सिंहासन के सामने जा पहुँचे, लेकिन उसी समय ग्यारहवीं पुतली ने आगे बढ़कर उनका मार्ग रोक लिया तथा वह कहने लगी।

□

ग्यारहवीं पुतली

त्रिलोचनी की कथा

कथा के प्रति राजा का श्रद्धाभाव देखकर दिव्य सिंहासन की ग्यारहवीं पुतली त्रिलोचनी ने कहना शुरू किया, "एक बार प्रजा पालक विक्रमादित्य ने जन-कल्याण के उद्देश्य से एक महायज्ञ का आयोजन करने का संकल्प किया। इस यज्ञ में उन्होंने देश-विदेश के विद्वानों तथा राजाओं को सादर आमंत्रित किया।

पवन देवता के निवास स्थल का राजा को कोई पता न था। अतः यह जानने के लिए वे वन में जाकर साधना करने लगे। योग साधना के माध्यम से उन्होंने पता लगाया कि इन दिनों पवन देव का वास सुमेरु पर्वत पर है। अगर वहाँ जाकर उनका आह्वान किया जाए तो निश्यच ही उनसे मिला जा सकता है।

राजा विक्रमादित्य को उस समय सुमेरु पर्वत की स्थिति एवं दूरी का ज्ञान नहीं था, अतः उन्होंने माँ काली के दोनों बेतालों का आह्वान किया। पलक झपकते ही दोनों बेताल उनके समक्ष आ खड़े हुए।

आदेश पाते ही उन्होंने राजा को कंधे पर बिठाया और उड़ चले। शीघ्र ही उन्होंने राजा को सुमेरु पर्वत पर पहुँचा दिया। राजा ने बेतालों को विदा किया तथा सुमेरु पर्वत के प्राकृतिक सौंदर्य का रसपान करने लगे। उस समय वहाँ तेज तूफानी हवाएँ चल रही थीं तथा वहाँ ठहर पाना बड़ा मुश्किल हो रहा था। अतः राजा ने योग का सहारा लिया और एक स्थान पर किसी पत्थर की शिला की तरह अचल होकर बैठ गए।

प्रचंड आँधियाँ सब कुछ तहस-नहस करना चाहती थीं, लेकिन राजा विक्रमादित्य अविचल भाव से साधना में लगे रहे। अंत में तूफानी हवाएँ शांत हो गईं। तभी एक अदृश्य देववाणी गूँजी, "चक्रवर्ती उज्जैन नरेश विक्रमादित्य! मैं तेरी साधना से प्रसन्न होकर

तुझे मनचाहा वरदान देना चाहता हूँ, जो चाहे माँग ले।"

"मेरा नमन स्वीकार करें पवन देव। मैं एक महायज्ञ के आयोजन में आपको सादर आमंत्रित करना चाहता हूँ। इस सेवक पर प्रसन्न होकर आप वहाँ पधारिए।"

"विक्रमादित्य बड़ा भावुक है तू। क्या तुझे नहीं मालूम कि मैं सृष्टि के कण-कण में मौजूद हूँ, जहाँ-जहाँ जीवन के चिह्न हैं, वहाँ मेरा वास है। यदि तू इसे मेरी उपस्थिति न मानकर मेरे सशरीर आने को ही मेरी मौजूदगी मानता है तो मेरा आदेश है कि जन-कल्याण की भावना को ध्यान में रखते हुए इस जिद को त्याग दें। मेरे कहीं भी पहुँचने का मतलब है भीषण तबाही। जाओ, मेरा आशीर्वाद है कि तुम्हारे राज्य में कभी भी सूखा न पड़ेगा, न अकाल पड़ेगा, न अतिवृष्टि होगी। तुम्हारे राज्य में दूध-दही की नदियाँ बहा करेंगी। मैं प्रसन्न होकर कामधेनु गाय दे रहा हूँ।"

अदृश्य देववाणी के साथ ही एक सुंदर व हृष्ट-पुष्ट गाय उनके समक्ष आ खड़ी हुई। वे प्रसन्नतापूर्वक कामधेनु की गर्दन सहलाने लगे। आकाश में फैला प्रकाश लुप्त हो गया। पवन देव जा चुके थे।

तब राजा विक्रमादित्य ने दोनों बेतालों का आह्वान किया। बेतालों के उपस्थित होते ही राजा ने उन्हें राजधानी के लिए चलने को कहा। आदेश का पालन करते हुए बेताल राजा विक्रमादित्य तथा कामधेनु गाय को साथ लेकर अपनी मंजिल की ओर उड़ चले।

राजा विक्रमादित्य ने जिस ब्राह्मण को समुद्र देवता को निमंत्रण देने के लिए भेजा था, जब वह समुद्र तट पर पहुँचा तो ध्यानमग्न होकर समुद्रदेव का आह्वान करने लगा, "महाराजा विक्रमादित्य के दूत के रूप में मैं आपको उनके द्वारा कराए जाने वाले महायज्ञ में आमंत्रित करने आया हूँ। हे समुद्र देवता! कृपा करके यह निमंत्रण स्वीकार कीजिए तथा प्रकट होकर मुझे आश्वस्त कीजिए, जिससे मैं कर्त्तव्य को पूरा कर सकूँ।"

ब्राह्मण की श्रद्धा भक्ति से प्रसन्न होकर समुद्र के जल में हलचल होने लगी। अपने विराट स्वरूप के साथ समुद्र देवता प्रकट हुए। ब्राह्मण से साष्टांग प्रणाम किया तथा उन्हें विक्रमादित्य का निमंत्रण सुना डाला।

इस पर समुद्रदेव मुस्कराते हुए बोले, "सह संदेश तो कुछ समय

पूर्व पवनदेव ने भी मेरे करीब से गुजरते हुए सुनाया था। उन्हें आमंत्रित करने खुद विक्रमादित्य सुमेरु पर्वत पर गए थे। लेकिन महाविनाश की आशंका सामने रखते हुए पवनदेव ने अपनी विवशता प्रकट की और विक्रमादित्य को आशीर्वाद देकर लौटा दिया। इस समय मेरा भी बिलकुल वैसा ही उत्तर है ब्राह्मण दूत।"

"वह उत्तर मैं आपके मुख से सुनना चाहता हूँ समुद्रदेव।"

"मुझे प्रजावत्सल, न्यायी एवं परोपकारी राजा विक्रमादित्य का निमंत्रण सहर्ष स्वीकार है, लेकिन वहाँ मेरा जाना उचित न होगा, क्योंकि अगर मैं वहाँ पहुँचा तो मेरे साथ-साथ यह अथाह जलराशि भी चलेगी। मैं राजा की जिद को पूरा करने के लिए निर्दोष जनता का जीवन संकट में नहीं डालना चाहता।

राजा से जाकर तुम कहना कि मेरी शुभकामनाएँ उनके साथ रहेंगी। जल की एक-एक बूँद में मेरा वास है। वे यज्ञ के लिए जल के जिन छींटों का प्रयोग करेंगे उनमें भी मेरा वास होगा।"

"जो आज्ञा समुद्रदेव।"

राजा की ओर से भेजा गया निमंत्रण स्वीकार करते हुए समुद्र देव ने उसे उपहारस्वरूप पाँच बहुमूल्य रत्न तथा एक समुद्री घोड़ा प्रदान किया।

विदा होने से पूर्व ब्राह्मण ने समुद्रदेव का अभिवादन किया तथा दोनों उपहारों को लेकर चल पड़ा। घोड़े की लगाम थामे ब्राह्मण पैदल चलने लगा, घोड़े ने मायावी रूप से इंसानी भाषा में बोलना शुरू किया, "पैदल चलकर इतना लंबा सफर करोगे तो थक जाओगे ब्राह्मण। मुझ पर सवारी क्यों नहीं कर लेते?"

"लेकिन तुम तो मुझे समुद्रदेव से उपहार में राजा के उपयोग हेतु मिले हो।"

"ब्राह्मण! इस समय तुम राजदूत हो, जब दूत को राजसंदेश ज्यों-का-त्यों किसी के पास पहुँचाने का अधिकार है तो उसे राजा के लिए प्रदत्त उपहार को उस समय तक उपयोग करने का भी अधिकार है, जब तक वह राजा तक न पहुँच जाए।"

"ठीक है, मैं ऐसा ही करता हूँ।" यह कहते हुए ब्राह्मण घोड़े पर सवार हो गया। घोड़े की उड़ान देखकर ब्राह्मण उसे पाने के लिए उतावला हो उठा। कुछ ही समय में घोड़े ने ब्राह्मण को उसकी

मंजिल तक पहुँचा दिया। वहाँ पहुँचकर ब्राह्मण ने समुद्र देवता का वार्तालाप ज्यों-का-त्यों सुनाते हुए उपहार में मिली दोनों चीजें उन्हें सौंप दीं।

कथा समाप्त करके त्रिलोचनी ने कहा, "अब स्वविवेक से इस कथा का मनन करके बताओ कि क्या तुमने कभी ऐसा कोई महायज्ञ किया है जिसमें देवताओं को निमंत्रण भिजवाया हो? क्या तुम्हें कभी प्रत्यक्ष में किसी देवता ने उपहार दिया है? क्या कभी तुमने देवताओं से प्राप्त उपहार को निःसंकोच होकर किसी दूसरे को दान दिया हो? अगर मेरे प्रश्न का उत्तर 'हाँ' में है तो सिंहासन पर विराजमान हो जाओ, अन्यथा इसी समय पापिस लौट जाओ।"

राजा भोज ने इस समय लौट जाने में ही अपनी भलाई समझी। वह पैर पटकता हुआ अपने शयनकक्ष में जा पहुँचा। अगले रोज उसने शुभमुहूर्त में फिर सिंहासन की ओर कदम बढ़ाया लेकिन तभी बारहवीं पुतली पद्मावती प्रकट हुई जो राजा भोज को रोकते हुए कहने लगी।

□

बारहवीं पुतली

पद्मावती की कथा

बारहवीं पुतली पद्मावती ने कथा सुनानी प्रारंभ की, "मुझे भली-भाँति याद है राजा भोज! वह एक सुहानी चाँदनी रात थी। आकाश में पूर्णिमा का चाँद अपनी आभा बिखेर रहा था। पूरा राज्य चाँदनी में नहाया हुआ-सा लगता था।

ऐसे सुहाने मौसम में राजा विक्रमादित्य अपने महल की छत पर बैठे थे। अभी वे प्राकृतिक सौंदर्य का रसपान कर ही रहे थे कि तभी उनके कानों में किसी महिला का करुण-क्रंदन सुनाई पड़ा। उन्होंने आवाज की दिशा का अनुमान लगाया तो महसूस हुआ कि यह आवाज पश्चिम दिशा में से आ रही थी।

राजा विक्रमादित्य ने तुरंत ढाल-तलवार सँभाली और घोड़े पर सवार होकर आवाज की दिशा में रवाना हो गए।

जब वे घटनास्थल पर पहुँचे, उन्हें 'बचाओ-बचाओ' की आवाज स्पष्ट सुनाई पड़ने लगी। उन्होंने देखा कि एक यौवना आत्मरक्षा के लिए चीखती-चिल्लाती इधर-उधर दौड़ रही है तथा उसके पीछे एक राक्षस भयानक अट्टहास करता हुआ जा रहा है। राक्षस जल्द-से-जल्द उस यौवना को दबोच लेना चाहता था।

राजा विक्रमादित्य तभी घोड़े से उतरे और युवती के करीब जा पहुँचे। वह उनके कदमों से लिपटकर आत्मरक्षा की भीख माँगने लगी। राजा ने उसे धीरज बँधाते हुए कहा, "अब तुम राजा विक्रमादित्य की शरण में हो बहन। दुनिया की बड़ी-से-बड़ी ताकत भी अब तुम्हारा अहित नहीं कर सकती।

राक्षस का भयानक अट्टाहस उभरा। "हा...हा...हा...तू तो एक साधारण-सा मानव है, तू क्या बचा पाएगा इस युवती को। देख मैं अभी तुझे मौत के घाट उतार देता हूँ। यह मेरा शिकार है, मुझे

लौटा दे।"

राजा ने उसे समझाया कि वह अपने नापाक इरादों को त्याग दे। लेकिन राक्षस पर उसके समझाने-बुझाने का कोई प्रभाव न हुआ। वह कुटिलतापूर्वक गरजता-दहाड़ता राजा की ओर बढ़ने लगा। वह राजा से उस यौवना को छीनना चाहता था।

उसे ललकारते हुए विक्रमादित्य ने कहा, "मैं उज्जैन नरेश विक्रमादित्य तुझे एक बार फिर सचेत करता हूँ कि तू इस युवती को पाने का इरादा छोड़ दे वर्ना तू अपनी मौत का खुद जिम्मेदार होगा।"

"एक साधारण मानव होते हुए भी तू मुझे ललकार रहा है, अगर मुझसे टकराएगा तो तुझे चींटी की तरह मसल कर फेंक दूँगा।"

राजा राक्षस की बात कैसे सहन कर सकता था? उसने युवती को घोड़े के पास खड़ा किया तथा राक्षस को द्वन्द्व-युद्ध के लिए ललकारा। अगले ही पल दोनों एक दूसरे की जान लेने पर आमादा हो गए।

अपनी सारी शक्ति का प्रयोग करने के बावजूद राक्षस मैदान में अधिक देर न जम सका। उसके चेहरे पर परास्त होने वाले भाव उजागर होने लगे। उचित अवसर देखकर राजा ने राक्षस की गर्दन पर अपनी तलवार का भरपूर वार किया। जिस कारण राक्षस की गर्दन कटकर दूर जा गिरी।

लेकिन तभी एक अजूबा हुआ, राक्षस की कटी गर्दन फिर से जुड़ गई। जिंदा होते ही राक्षस अत्यधिक रौद्र रूप धारण करके राजा के सामने आ डटा। अभी उसने एक भयानक अट्टहास लगाया ही था कि उसकी गर्दन से निकले खून से एक और नया राक्षस पैदा हो गया। दोनों राक्षस एक साथ राजा को ललकारते हुए आगे बढ़े।

यह चमत्कार देखकर राजा विक्रमादित्य आश्चर्य में पड़ गए, लेकिन उन्होंने हिम्मत नहीं हारी। वे दुगुने साहस के साथ युद्ध करने लगे। वे पहले राक्षस से भिड़े ही थे कि दूसरे ने उन पर जबर्दस्त घूंसे का प्रहार किया। कुछ पलों के लिए तो उनके कदम लड़खड़ा गए, लेकिन अगले ही पल संभल गए थे। राजा ने एक़ ही वार में दूसरे राक्षस को दबोच लिया व उसकी भुजा काट डाली। कुछ देर बाद उसके हाथ व पैर दोनों ही काट डाले। उसके मुँह से दर्दनाक चीखें उबलने लगीं। दूसरे राक्षस ने अपने साथी की दुर्दशा देखी तो वह

मैदान छोड़कर भाग खड़ा हुआ। राजा ने पीठ दिखाकर भागते हुए राक्षस का पीछा करना उचित न समझा।

अब राजा उस युवती के पास पहुँचा जो कि राक्षसों के भय से थर-थर काँप रही थी। उसे धीरज बँधाते हुए राजा ने कहा, "देखा, एक राक्षस तो मैदान छोड़कर भाग खड़ा हुआ है तथा दूसरा जमीन पर पड़ा दम तोड़ रहा है, अब हमें महल को लौट चलना चाहिए। वहाँ से मैं तुम्हें तुम्हारे घर पहुँचा दूँगा।"

वह यौवना अभी भी भयभीत थी। वह इस बात से डर रही थी कि जो राक्षस मैदान छोड़कर भागा है, वह दोबारा भी लौटकर आ सकता है। उसे परेशान कर सकता है, पकड़कर मनमानी भी कर सकता है।

उसे राजा विक्रमादित्य ने वचन दिया कि वह अंतिम समय तक उसकी रक्षा करेगा और उसके ऊपर संकट की छाया तक न पड़ने देगा। उसने उससे उसका परिचय जानना चाहा तथा यह भी जानना चाहा कि राक्षस का एक से दो होने तथा कटी हुई गर्दन जुड़ने के पीछे क्या रहस्य हो सकता था।

आपबीती सुनाते हुए यौवना ने कहा, "मैं सिंहल द्वीप राज्य के एक ब्राह्मण की पुत्री हूँ। एक बार मैं अपनी सखियों सहित तालाब में नहा रही थी तभी मुझ पर इस राक्षस की कुदृष्टि पड़ गई। जब में तालाब में तैरती हुई सखियों से कुछ दूर निकली, राक्षस ने जल में छिपकर मेरा अपहरण कर लिया। वह वन में ले जाकर मुझे डराने लगा ताकि मैं इससे विवाह कर लूँ, लेकिन मैं तो इसे अपने पास भी न फटकने दूँगी।"

राजा ने राक्षस को जान से मारने का वचन दिया तथा यौवना से बाकी बातें सुनाने की इच्छा जाहिर की। यौवना ने आगे बताना शुरू किया, "राक्षस के पेट में एक मोहिनी थी, उसी के प्रभाव से राक्षस मरने के बाद भी पुनर्जीवित हो उठता था। वह जितनी बार भी मरता मोहिनी अमृत छिड़ककर उसे जिंदा कर देती है। राक्षस का रक्त जहाँ भी गिरेगा वहाँ दूसरा राक्षस पैदा होता जाएगा।"

राजा ने कहा, "उस मोहिनी के विषय में भी बताओ वह कौन है?"

"मैं उसके विषय में कुछ नहीं जानती, राक्षस के विषय में भी इतना इसलिए बता रही हूँ कि उसने मुझे स्वयं अपने विषय में बताया

था।"

उस यौवना को आश्वस्त करके राजा ने वहीं बिठाया और खुद भी उस राक्षस के लौटने की प्रतीक्षा करने लगा। कुछ समय बाद ही झाड़ियों के पास से एक सिंह गुर्राता हुआ झपटा। उसी समय राजा संभल गया, फिर भी शेर ने राजा की बांह जख्मी कर दी थी। जैसे ही शेर ने दूसरी बार हमला किया, राजा ने उसे पैरों से पकड़कर दूर हवा में उछाल दिया। गिरते ही उसने भयंकर गर्जना की और राक्षस का रूप धारण कर लिया। राजा उसके रहस्य को जानकर एक बार फिर से भिड़ गए। राजा ने मौका पाकर राक्षस का पेट तलवार से चीर डाला। उसके पेट से मोहिनी बाहर निकली और राक्षस के लिए अमृत लाने के लिए दौड़ी। लेकिन तभी राजा के याद करते ही दोनों बेताल आ गए। उनकी मदद से मोहिनी को पकड़ लिया गया। अमृत न मिल पाने से कुछ ही देर में राक्षस तड़पकर मर गया। मोहिनी से राजा ने उसका परिचय पूछा तो वह कहने लगी, "महाराज! मैं शंकर जी की गणिका थी। एक बार उन्होंने नाराज होकर मुझे शाप देकर मोहिनी बना दिया तथा इस राक्षस को दे दिया। आपने उसे मारकर मुझे अपने वश में कर लिया है, आज से मैं आपकी सेवा में रहूँगी।"

राजा ने अपने राज्य में लौटकर मोहिनी से विवाह कर लिया तथा ब्राह्मण कन्या उसके माता-पिता को सौंपकर विधि-विधान से उसका विवाह कर दिया।"

कथा सुनाकर पुतली बोली, "बोलो राजन्! क्या तुमने किसी राक्षस को युद्ध में परास्त किया है, किसी कन्या को राक्षस के चंगुल से मुक्त कराया है? अगर किया हो तो सिंहासन पर बैठ जाओ वरना लौट जाओ।"

राजा निरुत्तर होकर लौट गया। अगले दिन जैसे ही उन्होंने सिंहासन की ओर कदम बढ़ाया, तेरहवीं पुतली ने उनका मार्ग रोक लिया वह उनका विरोध करती हुई कहने लगी।

□

तेरहवीं पुतली

कीर्तिमती की कथा

सिंहासन की तेहरवीं पुतली कीर्तिमती कथा के प्रति राजा की श्रद्धा जानकर कहने लगी–

"राजा विक्रमादित्य ने किसी अवसर पर दरबार में अनेक विद्वानों, ब्राह्मणों एवं व्यापारियों को एक भोज पर आमंत्रित किया। भोज के बाद इस विषय पर चर्चा होने लगी कि पृथ्वीलोक पर इन दिनों सबसे बड़ा दानवीर कौन है? जिससे भी पूछा गया उसने ही मुक्त कंठ से राजा विक्रमादित्य का नाम लिया।

राजा विक्रमादित्य इस प्रशंसा पर गर्व करने के बजाय राजा विक्रमादित्य वहाँ उपस्थित प्रत्येक व्यक्ति का चेहरा देख रहे थे। उन्होंने अपनी पारखी नजरों से पाया कि उन लोगों के बीच एक ब्राह्मण ऐसा भी है जो कि मौन बैठा है, शायद वह अन्य लोगों के कथन से सहमत नहीं था।

"ब्राह्मण! आपने अपनी कोई राय व्यक्त नहीं की, क्या आप उनसे सहमत नहीं हैं?"

ब्राह्मण बोला, "राजन्! नक्कारखाने में तूती की आवाज किसे सुनाई पड़ती है?"

"आप जो भी चाहें निर्भीकतापूर्वक कहें।"

"यहाँ आपकी दानवीरता की बात हो रही है, यदि मैं किसी और की चर्चा करूँगा तो निष्प्रभावी ही रहेगी। यह तो मैं भी स्वीकार करता हूँ कि आप बहुत बड़े दानी हो, लेकिन इस बात से सहमत नहीं कि आपको दुनिया का सबसे बड़ा दानी कहा जाए।"

अचानक कई लोग उससे पूछ बैठे, "तुम किस आधार पर कह रहे हो कि हमारे महाराजाधिराज पृथ्वीलोक के सबसे बड़े दानवीर नहीं हो सकते?"

"समुद्र पार एक राज्य में मैंने कीर्तिध्वज नामक एक ऐसा व्यक्ति देखा है जो प्रतिदिन याचकों में एक लाख स्वर्ण मुद्राएँ बाँटता है। ऐसा किए बिना तो वह अन्न जल भी ग्रहण नहीं करता। उसकी दानवीरता मैंने अपनी आँखों से देखी है। यदि मेरी बात असत्य पाई जाए तो मुझे राजदंड दिया जाए। अब आप लोग ही बताएँ कि पृथ्वी पर ऐसे सबसे बड़े दानी के होते हुए मैं आप लोगों की बातों में कैसे आ सकता हूँ?"

ब्राह्मण की स्पष्टवादिता से राजा विक्रमादित्य बहुत प्रभावित हुए। उन्होंने उसे प्रसन्न होकर ढेर सारा पुरस्कार देकर विदा किया।

ब्राह्मण के जाने के बाद उनके मन में कीर्तिध्वज से मिलने की इच्छा बलवती हो उठी। यह निश्चय करके एक दिन वे साधारण वेश धारण करके राज्य की सीमा पर जा पहुँचे। उन्होंने दोनों बेतालों का स्मरण किया। उनके उपस्थित होते ही उन्हें समुद्र पार कीर्तिध्वज के राज्य में पहुँचाने को कहा। कुछ ही समय में बेतालों ने राजा को राजा कीर्तिध्वज के महल के पास जा उतारा।

बेतालों के अन्तर्ध्यान होते ही राजा विक्रमादित्य ने एक सामान्य नागरिक की हैसियत से कीर्तिध्वज से मिलने की बात कहलवाई। शीघ्र ही राजा को अंदर बुला लिया गया।

राजा विक्रमादित्य ने साधारण नागरिक के रूप में नौकरी माँगी तो राजा कीर्तिध्वज ने उससे पूछा कि वह किस तरह का कार्य कर सकता है। इस पर विक्रमादित्य ने कहा, "राजन् मैं उस कार्य को करने में दिलचस्पी रखूँगा, जिसे कोई न कर सके।"

कीर्तिध्वज ने विक्रमादित्य की बात सुनकर उसे अपना द्वारपाल बना लिया। अब राजा विक्रमादित्य द्वारपाल के रूप में प्रतिदिन देखते कि कीर्तिध्वज तब तक अन्न जल को छूता भी न था, जब तक कि प्रतिदिन प्रातः याचकों में एक लाख मुद्राएँ न बाँट दे।

राजा कीर्तिध्वज के यहाँ द्वारपाल के रूप में कार्य करते हुए विक्रमादित्य ने अनुभव किया कि राजा प्रतिदिन शाम के समय कहीं अकेला जाता है तथा स्वर्ण मुद्राएँ लेकर ही लौटता है। इस रहस्य का पता लगाने के लिए एक दिन द्वारपाल के रूप में विक्रमादित्य ने राजा कीर्तिध्वज का पीछा किया।

राजा विक्रमादित्य ने देखा कि कीर्तिध्वज समुद्र के किनारे स्थित

एक मंदिर में गए। समुद्र में स्नान किया व पूजन अर्चन के बाद देवी की प्रतिमा के सामने रखे खौलते तेल के कड़ाह में कूद गया, जैसे ही उसका शरीर जल-भुन गया, कुछ जोगनियों ने आकर उसके मृत शरीर को बाहर निकाला और बड़े चाव से उसका भक्षण करने लगीं। जब वे तृप्त होकर लौट गईं तब देवी प्रकट हुई। उन्होंने कीर्तिध्वज के मुख में अमृत की बूँदें डाल दीं, जिसके प्रभाव से वह जीवित हो उठा। देवी ने अपनी कमर से एक थैली निकाली तथा एक लाख स्वर्ण मुद्राएँ राजा की झोली में डाल दीं। कीर्तिध्वज प्रसन्न होकर अपने राजभवन में लौट चला।

यह क्रम कई दिन तक चलता रहा। एक दिन राजा विक्रमादित्य छुपकर बैठ गया। जब कीर्तिध्वज अपने महल को लौट गया तो राजा विक्रमादित्य ने ठीक उसी प्रकार देवी को प्रसन्न किया, जैसे कि कीर्तिध्वज करता था। देवी ने प्रसन्न होकर राजा को भी दर्शन दिए। वह उसे भी अपनी कमर से थैली खोलकर एक लाख स्वर्ण मुद्राएँ देने लगीं तो राजा विक्रमादित्य ने कहा, "देवी मुझे तो आपकी दया दृष्टि और आपके दर्शन चाहिए थे सो मिल गए।"

"तुम पर कृपादृष्टि ही तो कर रही हूँ विक्रमादित्य।"

"आपने अभी मुझ पर कृपा दृष्टि नहीं की मातेश्वरी!" यह कहते हुए वह दूसरी बार तेल में कूद गया। लेकिन देवी ने खुश होकर उसे पुनः जीवित कर दिया। यही क्रम लगातार सात बार चला। हर बार देवी उसे जीवन दान देती रही। आठवीं बार उसने तेल में कूदना चाहा तो देवी ने उसे रोक दिया।

"विक्रमादित्य मैं तुम्हारी अनन्य भक्ति से बहुत प्रसन्न हूँ। जो चाहो माँग लो।"

विक्रमादित्य ने उपयुक्त अवसर जानकर कहा, "अगर आप मुझ पर वास्तव में प्रसन्न हैं तो मुझे वह थैली ही दे दो, जिसमें से आप हर बार एक लाख स्वर्ण मुद्राएँ निकालती हैं।"

देवी ने प्रसन्न होकर वह थैली विक्रमादित्य को सौंप दी। थैली देने के साथ ही वहाँ एक चमत्कार हुआ। वहाँ से मंदिर व देवी की प्रतिमा दोनों अंतर्ध्यान हो गए। अब समुद्र तट वीराना दिखाई पड़ रहा था। वह थैली लेकर कीर्तिध्वज के महल को लौट चले।

दूसरे दिन कीर्तिध्वज समुद्र तट पर पहुँचे तो उन्हें मंदिर तथा

प्रतिमा नजर न आईं। उन्होंने सोचा कि किसी विशेष कारण से देवी रुष्ट हो गई हैं। वे निराश होकर लौट गए। उनका एक लाख स्वर्ण मुद्राएँ याचकों में बाँटने का नियम आज टूट गया था। इसी कारण उन्होंने अन्न-जल ग्रहन नहीं किया। जब इसी प्रकार कई दिन बीत गए तो विक्रमादित्य ने उनकी उदासी का कारण पूछा। कीर्तिध्वज ने कहा, "लगता है किसी भूल के कारण देवी रुष्ट होकर अन्तर्ध्यान हो गईं। अब मैं तब तक अन्न-जल ग्रहरण नहीं करूँगा, जब तक देवी प्रसन्न नहीं हो जातीं।"

यह सुनकर विक्रमादित्य ने कहा, "राजन्! अगर आपको देवी के बजाए वह थैली ही मिल जाए तो कैसा रहे?"

"साफ-साफ कहो द्वारपाल! आखिर तुम कहना क्या चाहते हो?"

"यह लीजिए राजन्! मुझसे आपका यह कष्ट देखा नहीं जाता था जो आपको प्रतिदिन गर्म तेल में कूदकर सहना पड़ता था, अतः मैंने देवी को प्रसन्न करके यह थैली माँग ली। आज मेरी वह प्रतिज्ञा भी पूरी हो गई जो कि मैंने नौकरी पाते समय की थी। मैंने वह कार्य कर दिखाया जो कि कोई दूसरा नहीं कर सकता था।"

कीर्तिध्वज के पूछने पर राजा विक्रमादित्य अपने वास्तविक रूप में आ गए तो कीर्तिध्वज कहने लगा, "आप धन्य हैं, आप महान हैं राजन्! आपकी दानशीलता के आगे कहीं नहीं ठहर सकता। आपने तो वह थैली ही दान कर डाली जिससे एक लाख स्वर्ण मुद्राएँ हर बार माँगने से मिलती हैं।"

कथा सुनते ही राजा भोज अवाक् रह गए क्योंकि उन्होंने कभी ऐसा दान न किया था। वे निराश होकर शयनकक्ष की ओर बढ़ गए। पुतली भी सिंहासन में समा गई। अगले दिन जैसे ही राजा भोज सिंहासन की ओर बढ़े चौदहवीं पुतली, सुनयना ने उनकी बाँह पकड़कर रोक लिया और कहने लगी।

□

चौदहवीं पुतली

सुनयना की कथा

एक बार राजा विक्रमादित्य अपने सैनिकों को साथ लेकर शिकार खेलने को गए। वे एक उत्पाती सिंह के शिकार की योजना बनाकर निकले थे। सिंह को जैसे ही शिकारी का आभास हुआ, वह एक झाड़ी के पीछे जा छिपा। राजा भी अपने घोड़े से उतरकर झाड़ियों में सिंह को खोजने लगे।

उसी समय सिंह राजा पर झपटा। राजा ने उस पर तलवार का वार किया जिससे सिंह मामूली-सा जख्मी हो गया और झाड़ियों के पीछे से दूसरी ओर निकल गया। सिंह का पीछा करते हुए राजा को इस बात का भी ध्यान न रहा कि उनके साथ गए सैनिक काफी पीछे रह गए थे। वे अकेले ही सिंह को खोजते रहे।

अचानक झाड़ियों में छिपा शेर निकला और उसने राजा के घोड़े पर हमला कर दिया। उन्होंने घोड़े की हिनहिनाहट तथा सिंह की गर्जना सुनी तो पलटे। उनके घोड़े पर सिंह ने क्रोध में भरकर हमला कर दिया था। काफी गहरा जख्म हो जाने के कारण घोड़ा लड़खड़ाकर गिर पड़ा।

अपने स्वामी की मदद पाकर जख्मी घोड़ा साहस बटोरकर उठ खड़ा हुआ, तब तक शेर उन्हें चकमा देकर फिर से झाड़ियों में जा छिपा था। अब उन्होंने घोड़े के साथ किसी सुरक्षित स्थान को लौट चलने का मन बना लिया। क्योंकि वहाँ रहकर न तो घोड़े का उपचार हो सकता था और न ही अधिक समय तक शेर के झाड़ियों से बाहर आने की प्रतीक्षा की जा सकती थी।

राजा विक्रमादित्य को जंगल की भूल-भुलैया में भटकते एक छोटी-सी नदी दिखाई दी। वे नदी किनारे घूमने लगे ताकि किसी उपयोगी जड़ी-बूटी को खोजकर उसका लेप घोड़े के जख्मों पर कर

सकें। ईश्वर को शायद ऐसा मंजूर नहीं था। नदी तक पहुँचते-पहुँचते घोड़ा लड़खड़ाकर गिर पड़ा। कुछ देर छटपटाया और उसने दम तोड़ दिया।

उनके सैनिकों की टुकड़ी काफी पीछे छूट चुकी थी, अतः उन्हें किसी प्रकार की मदद मिल पाना भी संभव न था। उन्हें अनजाने मार्ग पर चलने में कोई समझदारी दिखाई न दी। अतः वे एक वृक्ष के तने से लगकर विश्राम करने लगे।

कुछ देर बाद उन्हें नदी के जल में एक अजीब-सा कोलाहल सुनाई पड़ा। आवाज की दिशा में देखने पर उन्हें दो व्यक्ति आपस में झगड़ते दिखाई पड़े। दोनों जल में तैरते किसी मानव-शव को लेकर झगड़ रहे थे। दोनों लड़ते-लड़ते शव को किनारे पर खींचकर ले आए।

जब राजा उनके निकट पहुँचे तो देखा कि उनमें एक तो काला-कलूटा कापालिक है तथा दूसरा बेताल। कापालिक के कंधे पर एक थैला लटका हुआ था तथा गले में मुंडमालाएँ थीं। बेताल के शरीर का पृष्ठभाग जल के अंदर उड़ता-सा प्रतीत होता था।

कापालिक शव पर अपना अधिकार जमाते हुए कह रहा था, "यह शव छोड़ दे बेताल! मैं इसे लेकर साधना करूँगा। मैं एक लंबे समय से इसकी प्रतीक्षा में था।"

"यह शव मैं तुम्हें कदापि नहीं दूँगा, इसे मैं बहुत दूर से खींचकर ला रहा हूँ। इसे खाकर मैं अपनी भूख मिटाऊँगा।"

दोनों में विवाद बढ़ने लगा। अब राजा विक्रमादित्य की इस विवाद के प्रति उत्सुकता बढ़ी तो वे उठकर खड़े हो गए। जब कापालिक की दृष्टि राजा पर पड़ी, वह बेताल से कहने लगा, "उधर देख! किसी राज्य का राजा खड़ा है, वह न्यायप्रिय लगता है। हमें उसी के पास चलकर अपना न्याय करा लेना चाहिए।" कापालिक ने राजा विक्रमादित्य की ओर संकेत करते हुए कहा। बेताल ने भी कापालिक की बात मान ली।

दोनों ने राजा का अभिवादन किया और अपनी समस्या बताई। उनकी बात सुनकर राजा यह समझ गए कि वे दोनों एक मानव-शव के लिए झगड़ रहे हैं।

"आप लोग एक बात अवश्य जान लें कि मैं इस समय न तो

अपने राज्य की सीमा में हूँ और न ही सिंहासन पर। अतः न्याय का शुल्क तुम दोनों से जरूर वसूल करूँगा।"

"हमें आपकी यह शर्त भी मंजूर है।" बेताल ने कहा।

कापालिक ने अपने थैले से एक बटुआ निकालकर राजा को देते हुए कहा, "यह लीजिए राजन् चमत्कारी बटुआ, इसे मैंने घोर सिद्धि के द्वारा प्राप्त किया था। यह प्रत्येक मनोरथ को पूर्ण करता है।"

राजा ने वह बटुआ लेकर रख लिया। तभी बेताल ने एक मोहिनी काष्ठ का टुकड़ा राजा को प्रदान किया और कहने लगा, "राजन् इसे घिसकर तिलक करने से व्यक्ति अदृश्य हो जाता है। इसे युद्ध में इस्तेमाल करें तो पूरी फौज पर अकेला ही आदमी भारी पड़ सकता है।"

विक्रमादित्य ने उन दोनों चीजों को अपने अधिकार में ले लिया। राजा विक्रमादित्य ने कहना शुरू किया, "आप लोग गौर से सुनें, बेताल! तुम इसे खाकर अपनी भूख मिटाना चाहते हो। जबकि कापालिक इससे अपनी यंत्र-साधना पूर्ण करना चाहता है।"

दोनों एक साथ बोले, "जी महाराज!"

देखो बेताल! तुम्हारी भूख फिलहाल किसी पशु को खाकर भी शांत हो सकती है। यदि मैं तुम्हारे लिए मानव शरीर से भी अधिक स्वादिष्ट वस्तु प्रस्तुत कर दूँ तो क्या तुम इस शव को त्याग दोगे?"

"राजन्! अवश्य त्याग दूँगा। मेरा अभिप्राय तो केवल अपनी भूख शांत करना है।" बेताल ने राजा की बात मानते हुए कहा।

"अगर ऐसी बात है तो देखो, मेरा यह घोड़ा अभी कुछ समय पहले ही मरा है, इसका भोग लगाकर अपनी भूख शांत करो।" राजा ने मृत घोड़े की ओर संकेत करके कहा।

बेताल ने राजा को धन्यवाद दिया और घोड़े की ओर बढ़ गया। इसके बाद राजा ने वह शव कापालिक को सौंप दिया। कापालिक के जाने के बाद राजा ने बटुए की परीक्षा ली। उससे स्वादिष्ट भोजन माँगा। राजा से उसे भोजन मिलते ही उसने खाकर भूख मिटाई। उसके बाद मोहिनी काष्ठ का टुकड़ा घिसा तथा तिलक लगाकर अदृश्य हो गए। उनकी पूरी रात चैन से गुजरी।

भोर होते ही उन्होंने बेतालों को बुलाया तथा उनकी मदद से अपने राज्य की सीमा में जा पहुँचे। राज्य की सीमा पर पहुँचते ही

उन्हें एक भिखारी मिला। उसने भोजन की इच्छा की तो राजा ने उसे वह चमत्कारी बटुआ दे डाला। साथ ही उसके गुण भी बता दिए। बटुआ देकर राजा अपने महल की ओर चल दिया।

कथा समाप्त कर पुतली ने राहत की सांस ली व कुछ पल रुककर बोली, "राजा भोज! क्या तुमने भी कभी ऐसा न्याय किया है? क्या कभी तुमने किसी को कोई चमत्कारी वस्तु निस्वार्थ भाव से दान की है?"

भोज के पास मौन साधने के अतिरिक्त कोई चारा न था। वह निरुत्तर होकर अपने शयनकक्ष को लौट गए। अगले दिन जब राजा भोज पुनः सिंहासन की ओर बढ़े तो उन्हें पंद्रहवीं पुतली सुंदरवती ने आगे बढ़ने से रोक दिया व सिंहासन पर न बैठने की सलाह देते हुए कहने लगी।

□

पंद्रहवी पुतली

सुंदरवती की कथा

पुतली को इस बात का अहसास हो गया कि राजा भोज विक्रमादित्य के गुणों की चर्चा सुनने की इच्छा रखता है वह इस प्रकार कथा सुनाने लगी–

उज्जैन का प्रत्येक नागरिक सभ्य, सुशिक्षित एवं संपन्न था। व्यापारी वर्ग का व्यापार दूसरे राज्यों में भी फैला हुआ था। सेठ पन्नालाल उज्जैन के एक जाने-माने व्यक्ति थे। दूसरे राज्यों के सेठों के बीच भी उनका नाम बड़े आदर तथा सम्मान के साथ लिया जाता था। पन्नालाल एक दयालु एवं परोपकारी सेठ थे।

हीरालाल सेठ पन्नालाल का पुत्र था। गुण एवं स्वभाव में वह भी अपने पिता पर ही गया था। हीरालाल एक होनहार युवक था।

हीरालाल के विवाह योग्य होते ही, उसके पिता को उसके विवाह की चिंता सताने लगी। पन्नालाल ने इसी उद्देश्य से कुछ ब्राह्मणों को बुलाया और उनका स्वागत-सत्कार करके कहने लगा, "कृपा करके अपनी ज्योतिष विद्या से बताएँ कि मेरे पुत्र का विवाह कहाँ एवं कब होगा?"

ब्राह्मणों ने अपने-अपने पंचांग खोले व कुछ गणना करने के उपरांत बोले, "यजमान आपके पुत्र के विवाह का योग अति शीघ्र बनेगा।"

ब्राह्मण की बात सच निकली और कुछ समय बाद ही विवाह की तिथि भी निश्चित हो गई।

विवाह की तिथि निकट आई तो अचानक मूसलाधार बारिश पड़ने लगी। देखते-ही-देखते नदी-नाले उमड़ पड़े। द्वीप तक पहुँचने के सभी मार्ग अवरुद्ध हो गए थे। सेठ जी के सामने एक अजीब परेशानी खड़ी हो गई। किसी तीव्रगामी वाहन से ही वहाँ तक बारात

पहुँच सकती थी, लेकिन इतना समय ही न था कि वहाँ निश्चित तिथि तक बारात लेकर पहुँचा जा सके।

विवाह की तिथि निश्चित करते समय किसी का ध्यान इस ओर न गया था, वरना विवाह की तिथि वर्षाकाल से पहले या बाद में भी रखी जा सकती थी। परेशानी इस बात की थी कि यदि बारात समय पर न पहुँची तो कन्यापक्ष की मानहानि होगी तथा उनकी चिंताएँ भी बढ़ जाएँगी।

एक ब्राह्मण ने सेठ जी को ज्यादा ही परेशान देखकर सुझाव दिया, "यजमान! अब तो बस एक ही उपाए है।"

"वह क्या ब्राह्मण देव?"

"महाराज विक्रमादित्य की अश्वशाला में पवन वेग से चलने वाले रथ एवं घोड़े हैं। इस कार्य के लिए यदि वे आपको रथ दे दें तो आठ-दस लोग विवाह का कार्य संपन्न कराने के लिए जा सकते हैं, शेष लोग बाद में आ जाएँगे।"

ब्राह्मण की बात सेठ पन्नालाल को हितकर लगी। वह तत्काल राजा विक्रमादित्य के दरबार में जा पहुँचा। राजा का अभिवादन करने के बाद सेठ जी ने राजा को अपनी समस्या से अवगत कराया। प्रजावत्सल राजा ने सेठ की बात को ध्यानपूर्वक सुना तथा अपने सारथि को अश्वशाला से पवन वेग से चलने वाले रथ व घोड़ों को लाने का आदेश दिया। कुछ ही समय में रथ सजकर तैयार हो गया।

विक्रमादित्य ने सेठ को विदा करते हुए कहा, "यह पवन वेग से चलने वाला रथ है, प्रजा की खुशी के लिए मैं सब कुछ न्यौछावर करने को तैयार हूँ। मेरी शुभकामनाएँ तुम्हारे साथ हैं।"

सेठ पन्नालाल ने राजा का धन्यवाद किया और रथ लेकर चल दिए। शीघ्र ही वह ब्राह्मणों के पास जा पहुँचे। प्रसन्नता प्रकट करते हुए सेठ जी कहने लगे, "यदि आप सही समय पर यह परामर्श न देते तो इतना सुंदर व तीव्रगामी रथ न मिल पाता। जब मेरा पुत्र इस रथ पर बैठकर विवाह हेतु जाएगा तो ऐसा प्रतीत होगा मानो इंद्रदेव की सवारी आ रही है।"

सेठ जी के कथन का समर्थन ब्राह्मणों ने भी किया। बारात के जाने की तैयारियाँ होने लगीं। उधर राजा विक्रमादित्य ने सोचा कि यदि मार्ग में कोई संकट उपस्थित हो गया तो यह उपकार अधूरा ही

रह जाएगा। अतः उन्होंने दोनों बेतालों का स्मरण किया। उनके प्रकट होने पर उन्हें आदेश किया कि वे गुप्त रूप से रथ के साथ लगे रहें ताकि समय जरूरत पर सेठ जी को आवश्यक मदद मिल सके। उन्होंने सकुशल वापिसी तक का दायित्व बेतालों को सौंप दिया।

दोनों बेताल राजा की आज्ञा पाकर किसी साए की तरह रथ का अनुसरण करने लगे। जब सेठ पन्नालाल ने सारथि से रथ हाँकने का निवेदन किया, रथ पवन वेग से दौड़ने लगा। कुछ ही देर में आधी मंजिल तय हो गई। आगे जल के कारण मार्ग अवरुद्ध दिखाई पड़ा, जिसे देखकर रथ पर सवार सभी लोग निराश हो उठे।

जैसे ही सारथि ने घोड़ों की लगाम खींची, घोड़ों सहित रथ हवा में उठने लगा। यह चमत्कार देखकर सभी लोग आश्चर्य में पड़ गए। नीचे समुद्री लहरें पूरे उफान पर थीं, रथ अब उनके ऊपर उड़ता सा आगे बढ़ा जा रहा था। इस चमत्कार को सेठ भी न समझ पा रहे थे। दरअसल राजा के आदेश पर रथ के साथ-साथ लगे दोनों बेतालों ने घोड़ों समेत रथ को उठा लिया था।

कुछ ही समय में रथ अपनी मंजिल पर जा पहुँचा जहाँ कन्या पक्ष वाले उनकी प्रतीक्षा कर रहे थे। जब उन्होंने समुद्र की लहरों पर उड़कर रथ को आते देखा तो वे दाँतों तले उँगली दबा बैठे। उनके आश्चर्य का ठिकाना न रहा।

वहाँ पहुँचने पर कन्या पक्ष की ओर से वर पक्ष का जोरदार स्वागत किया गया। विवाह-संस्कार विधि-विधान से संपन्न हुआ। जब सेठ पन्नालाल वर-वधू के साथ उज्जैन पहुँचे तो वे पहले अपनी हवेली न जाकर सीधे राजदरबार जा पहुँचे। वहाँ पहुँचकर सबने राजा का अभिवादन किया। राजा ने भी वर-वधू को आशीर्वाद प्रदान किया।

सेठ पन्नालाल रथ एवं घोड़ों की प्रशंसा करने के साथ ही बार-बार राजा का भी धन्यवाद कर रहे थे। विक्रमादित्य ने सेठ की विनम्रता एवं श्रद्धा भाव से खुश होकर वह पवन वेग से चलने वाला रथ एवं घोड़े उसे उपहारस्वरूप दे दिए।

सेठ पन्नालाल वह दिव्य रथ पाकर खुशी से फूला न समा रहा था। वह अपने पुत्र एवं वधू सहित अपनी हवेली की ओर गया।"

यह कथा सुनाकर पुतली कुछ पलों के लिए मौन हो गई। कुछ

देर बाद वह कहने लगी, "राजा भोज! अगर तुमने इस कथा को ध्यानपूर्वक सुना है तो बताओ कि क्या कभी तुमने भी अपनी प्रजा के कष्टों का निवारण करने के लिए अपनी किसी सर्वप्रिय वस्तु को प्रदान किया है? क्या तुमने कभी कोई ऐसी युक्ति की है जिससे प्रजा के कष्टों को तत्काल दूर किया जा सके? क्या तुमने कभी प्रशंसा करने वाले को इस प्रकार उपहार दिया है जैसे राजा विक्रमादित्य ने दिया था?

अगर मेरे प्रश्नों का उत्तर तुम्हारे पास है तो मैं तुम्हें इसी समय दिव्य सिंहासन पर बैठने के लिए आमंत्रित करती हूँ और यदि उत्तर नहीं में है तो तुम्हें इस पर बैठने की अनुमति नहीं दूँगी।"

□

सौलहवीं पुतली

सत्यवती की कथा

मैं इस सिंहासन की सोलहवीं पुतली सत्यवती तुम्हें कहती हूँ कि इस पर बैठने में जल्दबाजी नहीं करनी चाहिए। यह तुम्हारे लिए लाभकारी नहीं है। इस पर बैठने से पहले मेरी कथा सुनो जो मैं तुम्हें सुनाने जा रही हूँ।

कथा के प्रति राजा भोज की उत्कंठा को जानकर सोलहवीं पुतली ने कथा सुनानी आरंभ की, "महाराजा विक्रमादित्य शुरू से ही विद्वानों एवं बुद्धिजीवियों का सम्मान करते थे। वे खुद भी प्रकांड विद्वान थे। उनका राजदरबार नौरत्नों से शोभायमान था। ये नौरत्न उन्हें समय-समय पर शासन संबंधी परामर्श दिया करते थे।

एक समय उनके दरबार में विद्वानों के बीच तीन लोकों की चर्चा चल रही थी। चर्चा के दौरान एक विद्वान ने बताया, "पाताललोक के स्वामी शेषनाग भगवान विष्णु के सेवक हैं तथा बहुत विलासितापूर्वक ढंग से अपने राजमहल में रहते हैं। यहाँ उनका स्थान किसी देवता से कम नहीं है।"

जब राजा विक्रमादित्य ने विद्वानों के मुख से यह बात सुनी, वे मन-ही-मन शेषनाग के दर्शन का निश्चय कर बैठे। उनके मन में यह जानने की उत्कंठा थी कि वे कितना विलासितापूर्ण जीवन गुजार रहे हैं।

कुछ समय बाद ही बेतालों ने उन्हें पाताललोक पहुँचा दिया और अंतर्ध्यान हो गए। वहाँ पहुँचकर राजा ने पाताललोक की शोभा देखी तो उनके आश्चर्य का ठिकाना न रहा। नागराज का महल हीरे-जवाहरातों से जगमग कर रहा था।

जब भगवान शेषनाग को यह सूचना मिली कि पृथ्वीलोक से कोई मानव उनसे मिलने सशरीर आया है तो उन्हें बड़ी हैरानी हुई।

उन्हें यह निश्चय हो चुका था कि सशरीर उनके पास तक पहुँचने वाला प्राणी कोई सामान्य मनुष्य नहीं हो सकता। उसके दर्शनों के लिए वे अपनी शय्या से उठकर चल दिए।

राजा विक्रमादित्य ने जब शेषनाग को अपनी ओर आते देखा, तो सम्मानपूर्वक उनका अभिवादन किया और कहने लगे, "आपके दर्शन पाकर मेरा तो जन्म ही सफल हो गया।"

राजा की विनम्रता से गद्गद होकर शेषनाग कहने लगे, "सदा सुखी रहो मानव! तुम्हारी वेशभूषा तो यही आभास कराती है कि तुम कोई राजा हो, हमें अपना परिचय नहीं दोगे क्या?"

"महाराज! मैं पृथ्वीलोक स्थित उज्जैन का राजा विक्रमादित्य हूँ। मैंने अपने दरबार में नौरत्नों से आपके सुख-वैभव की प्रशंसा सुनी तो आपके दर्शनों का मोह न त्याग सका।"

यह सुनकर नागराज उन्हें सम्मानपूर्वक अपने राजमहल में ले गए। उनका भरपूर स्वागत सत्कार किया गया। स्वादिष्ट भोजन कराने के उपरांत उन्हें महल के दर्शनीय स्थलों को दिखाया गया।

राजा विक्रमादित्य पाताललोक के सुख-वैभव को देखकर आश्चर्यचकित रह गए। कुछ दिन शेषनाग का आथित्य स्वीकार करने के बाद राजा विक्रमादित्य ने उनसे जाने की आज्ञा माँगी। विदाई के समय शेषनाग कहने लगे, "राजन्! आपने मेरा अतिथि बनकर पाताल लोक की गरिमा को बढ़ाया है। कृपा करके मेरा यह उपहार स्वीकार कीजिए।"

कहते हुए उन्होंने विक्रमादित्य को चार रत्न प्रदान किए। उन रत्नों की विशेषता बताते हुए शेषनाग ने कहा, "यह गुलाबी रंग का रत्न मनोवांछित धन प्रदान करेगा, वह पीले रंग का रत्न मनचाहे वस्त्र देता है, नीले रंग के रत्न से हाथी-घोड़े, पालकी आदि माँग सकते हो तथा हरे रंग का रत्न धर्म-कर्म प्रदाता है।"

रत्नों को ग्रहण कर राजा विक्रमादित्य ने शेषनाग भगवान का आभार प्रकट किया और वापस चल पड़े। महल से बाहर उन्होंने बेतालों को पुकारा। प्रकट होते ही बेतालों को वापसी का आदेश दिया। बेतालों ने उन्हें कंधे पर बिठाया और उड़ चले। राजा को उनके राज्य की सीमा में छोड़कर बेताल अंतर्ध्यान हो गए।

राजा विक्रमादित्य पैदल ही अपने महल की ओर चल दिए।

उन्हें मार्ग में उनके ही राज्य का एक कर्मकांडी वेदपाठी ब्राह्मण आता दिखाई पड़ा। ब्राह्मण ने राजा का अभिवादन किया और कहने लगा, "आपके चेहरे के तेज से यह आभास होता है कि आपको कोई विशेष आनंददायक वस्तु या अनुभव प्राप्त हुआ है।"

"ब्राह्मण देव! आपका अनुमान ठीक है। मैं पाताललोक की यात्रा से लौटकर आ रहा हूँ जहाँ शेषनाग की मेहमानदारी में रहा हूँ।"

"महाराज! यदि आप पाताललोक की यात्रा से लौटे हैं तो आप वहाँ से कोई दिव्य उपहार भी अवश्य लाए होंगे। मेरे दिल में उसे देखने की इच्छा है।"

"भगवान शेषनाग ने मुझे चार रत्न दिए हैं।" यह कहते हुए राजा ने चारों रत्न ब्राह्मण के सामने कर दिए।

"ऐसे रत्न तो आपके कोषागार में न जाने कितने भरे पड़े होंगे। यदि उपहार ही लाना था तो कोई ऐसी वस्तु लाते जो यहाँ दुर्लभ है।"

"ये कोई सामान्य रत्न न होकर अत्यंत दुर्लभ रत्न हैं।"

"लेकिन इनकी विशेषता क्या है राजन्?"

राजा ने ब्राह्मण को वह सारी जानकारी दे दी जो कि उन्हें नागराज से प्राप्त हुई थी। चारों रत्नों की खूबियों को जानकर ब्राह्मण का रत्नों के प्रति मोह उत्पन्न हो गया।

"आप निश्चय ही सौभाग्यशाली हैं राजन्! आपको देवगण भी उपहार देते हैं।" ब्राह्मण ने साहस बटोरकर कहा, "वैसे अपने राजा के भले-बुरे कार्यों में उसकी प्रजा का भी अधिकार होता है।"

ब्राह्मण की बात का आशय समझते हुए राजा ने कहा, "मैं जानता हूँ। राजा यदि खुशहाल है तो प्रजा भी खुशहाल होगी और यदि राजा ही दु:खी होगा तो उसकी प्रजा को भी कष्ट भोगने पड़ते हैं।" फिर मुस्कराते हुए राजा बोले, "मैं तुम्हारी बात का आशय समझ रहा हूँ ब्राह्मण। इन दिव्य-रत्नों में आपका भी हिस्सा होना चाहिए। आप इनमें से अपनी इच्छा का कोई एक रत्न चुन लें।"

ब्राह्मण यह सुनकर दुविधा में पड़ गया कि उठाए तो कौन-सा रत्न उठाए। वह काफी सोच-विचारने के बाद भी कोई निर्णय न कर सका। अनिर्णय की स्थिति में उसने राजा से कहा, "राजन्! मैं घर जाकर अपने परिवार से सलाह करना चाहता हूँ कि कौन-सा रत्न चुनूँ।"

राजा ने उसे घर जाने की अनुमति दे दी। घर जाकर उसने परिवार से सलाह की तो सबकी राय अलग-अलग थी। अनिश्चय की स्थिति में वह राजा के पास लौट आया।

"क्या निर्णय किया ब्राह्मण?"

"महाराज! सबकी पसंद अलग-अलग है। जिसके कारण घर में विवाद उत्पन्न हो गया है, कितना अच्छा होता कि मैं कोई भी एक रत्न ले जाता।"

"उस ब्राह्मण की पीड़ा को समझते हुए राजा ने वे चारों रत्न उसे सहर्ष सौंप दिए।"

कथा सुनाकर पुतली कहने लगी, "क्या तुमने भी कभी देवताओं से उपहार प्राप्त किया है? क्या तुमने किसी को वैसा दान दिया है जैसा कि विक्रमादित्य ने दिया था? अगर किया है तो सिंहासन पर बैठ जाओ वर्ना अपने शयनकक्ष को लौट जाओ।" राजा भोज निरुत्तर होकर लौट गए। पुतली जाकर सिंहासन में समा गई। अगले दिन जैसे ही राजा ने सिंहासन पर बैठने की चेष्टा की, सत्रहवीं पुतली ने उसे रोक दिया और कहने लगी।

□

सत्रहवीं पुतली

विद्यावती की कथा

राजा भोज की उत्कंठा को जानकर सत्रहवीं पुतली विद्यावती ने भी कथा सुनानी आरंभ की–

विक्रमादित्य एक रात्रि इसी प्रकार घूम रहे थे कि उन्होंने एक ब्राह्मण के घर के पिछवाड़े एक खिड़की से पति-पत्नी को बात करते हुए देखा। उनकी बातचीत का विषय राजा विक्रमादित्य ही थे। निराशा भरे स्वर में ब्राह्मणी अपने पति से कह रही थी, "यदि ऐसी बात है तो आपको राजा विक्रमादित्य के पास जाना चाहिए। उनके सामने आपको यह बात रखनी चाहिए।"

"पागल हो गई हो क्या? यह नीति के विरुद्ध होगा कि हम अपने स्वार्थवश अपने राजा के प्राणों को संकट में फँसा डालें।" ब्राह्मण अपनी पत्नी पर गुर्राया।

इसके बाद वहाँ सन्नाटा छा गया।

जब कुछ देर प्रतीक्षा करने पर भी राजा का कौतूहल शांत न हुआ तो उन्होंने मकान का दरवाजा खुलवाया और भीतर दाखिल हो गए। उन्हें अपना परिचय देते हुए कहा, "मैं उस बात को स्पष्ट रूप से सुनना चाहता हूँ जिसके लिए तुम ब्राह्मणी को डाँट रहे थे।"

राजा को सामने पाकर पति-पत्नी दोनों ही थर-थर काँपने लगे। उन्होंने राजा को सम्मानपूर्वक बिठाया और हाथ जोड़कर खड़े हो गए।

"आपको डरने की कोई आवश्यकता नहीं है, मैं तुम्हारी पत्नी के मुख से वह बात जानना चाहता हूँ जिसके लिए कुछ समय पूर्व तुम उसे डाँट रहे थे।"

ब्राह्मणी विनम्रतापूर्वक बोली, "महाराज! रात्रि में मैंने स्वप्न में एक अद्‌भुत दृश्य देखा। देवी ने मुझसे कहा कि पूरब दिशा में यहाँ

से 30 कोस दूर एक सघन वन में कुछ साधक एक हवनकुंड के चारों ओर बैठे भगवान शिव की आराधना कर रहे हैं। वे उन्हें खुश करने के लिए अपने शरीर के अंगों को काट-काटकर हवनकुंड में डाल रहे हैं। उन्हें एक दिन अवश्य ही भगवान शिव के दर्शन एवं आशीर्वाद प्राप्त होंगे और मनचाहा वरदान प्राप्त होगा। देवी ने कहा है कि यदि राजा विक्रमादित्य स्वयं वहाँ जाकर हवनकुंड में अपने अंगों की आहुति दें तो निश्चय ही उन्हें पुत्र की प्राप्ति होगी।"

"तो क्या तुम निःसंतान हो?" राजा ने आश्चर्य से पूछा।

"राजन् हमारे विवाह को 12 वर्ष गुजर चुके हैं, लेकिन भगवान ने हमारी सूनी गोद को आबाद नहीं किया। हमने हर प्रकार का इलाज, जप, तप व पाठ भी कराया लेकिन परमात्मा ने कुछ भी स्वीकार नहीं किया।"

"अगर ऐसा ही है तो मैं तुम्हारे दुःखों को दूर करने के लिए उस साधना स्थल पर जाकर अवश्य ही भगवान शिव को मनाऊँगा।"

राजा विक्रमादित्य ब्राह्मण व उसकी पत्नी को आश्वस्त करके लौट आए। कुछ दूर जाकर उन्होंने बेतालों को पुकारा। बेतालों के आने पर उनसे उस साधना स्थल की जानकारी देने को कहा। बेतालों ने उड़ान भरी और लौटकर राजा से कहा कि बात में सच्चाई है। राजा ने बेतालों से साधना स्थल पर पहुँचाने को कहा। बेतालों ने राजा की आज्ञा का पालन किया और राजा को साधना स्थल पर पहुँचा दिया। उसके बाद बेताल अदृश्य हो गए।

अन्य तपस्वियों के साथ राजा भी साधना में लीन हो गए। कुछ ही समय में राजा ने भी अन्य साधकों की तरह अपने जिस्म को काट-काटकर अग्निकुंड की भेंट चढ़ा दिया। कुछ समय बाद शिव के गणों ने आकर मृत तपस्वियों पर अमृत छिड़का, वे पुनर्जीवित हो उठे। लेकिन वह भूल से राजा विक्रमादित्य को जीवित न कर सका। दूसरे तपस्वियों को इस बात का पता चला तो उन्हें दुःख हुआ। उन्होंने शंकर भगवान की स्तुति की कि वे राजा को भी जीवनदान दे दें।

तपस्वियों की विनती सुनकर शंकर जी ने अमृत की कुछ बूँदें विक्रमादित्य की भस्मी पर भी छिड़क दीं। राजा ओ३म नमः शिवाय कहते हुए उठ खड़े हुए। भगवान ने उनसे वर माँगने के लिए तो

उसने ब्राह्मण दम्पत्ति के लिए संतान का वर माँग लिया।

शंकर जी ने खुश होकर उसे वरदान दिया और कहने लगे, "विश्व में कोई तुम सा ज्ञानी, दानी, यशस्वी एवं योगी न होगा। स्वार्थवश तो दुनिया माँगती है लेकिन तुम पहले पुरुष हो जिसने परोपकार की भावना से वरदान माँगा है। ये दो कमल के पुष्प लेते जाओ। एक तुम्हारे लिए और दूसरा ब्राह्मण परिवार के लिए। ये फूल जिसके यहाँ भी रहेंगे, उसकी गोद सूनी न रहेगी तथा धन-धान्य की वर्षा होती रहेगी।"

भगवान शिव से दोनों पुष्प लेकर राजा ने साष्टांग प्रणाम किया। अगले ही पल भगवान शिव अंतर्ध्यान हो गए। इसके बाद राजा ने दोनों बेतालों का स्मरण किया। बेतालों के सहयोग से वह ब्राह्मण के पास लौट आए। उन्हें वहाँ छोड़कर बेताल अंतर्ध्यान हो गए।

ब्राह्मण को एक कमल का फूल देते हुए राजा विक्रमादित्य ने भगवान शिव के वरदान के बारे में बताया। ब्राह्मण व ब्राह्मणी उस चमत्कारी फूल को पाकर फूले न समा रहे थे। ब्राह्मण ने राजा विक्रमादित्य को बताया, "महाराज मेरी धर्मपत्नी को भी यह बात रात ही स्वप्न में दिखाई दे गई थी कि भगवान शिव ने आपकी साधना से प्रसन्न होकर हमारे लिए आशीर्वाद तथा कमल का चमत्कारी फूल दिया है।"

राजा अपने महल को लौट गए। उन्होंने अपने सेवकों को आदेश दिया कि ब्राह्मण दंपत्ति की दरिद्रता को दूर करने के लिए ढेरों वस्त्र, आभूषण तथा सुख सामग्री उसके घर भिजवा दी जाए।

सेवकों ने राजा के आदेश का पालन किया। कुछ ही दिनों में ब्राह्मण की टूटी-फूटी झोंपड़ी के स्थान पर एक ऊँची हवेली बनवाकर उसमें ऐशो-आराम के तमाम साधन जुटा दिए गए।

एक दिन वह शुभ घड़ी भी आ पहुँची। राजा को ब्राह्मण के यहाँ पुत्र-रत्न होने का शुभ संदेश मिला। राजा विक्रमादित्य प्रसन्नतापूर्वक खुद बधाई देने ब्राह्मण के यहाँ पहुँचे।

यह कथा सुनाकर विद्यावती मौन हो गई। कुछ पलों में मौन रहने के उपरांत उसने कहना शुरू किया, "राजा भोज! मुझे आशा है कि तुमने मेरे द्वारा सुनाई गई कथा को पूरे मनोयोग से सुना होगा। अब यह बताओ, क्या कभी तुमने राजा विक्रमादित्य की तरह प्रजा के

कष्टों को जानने का प्रयास किया? क्या तुमने प्रजा के दुःखों को हरने के लिए कभी अपने प्राणों की आहुति दी? क्या कभी तुम्हें परोपकारिता से खुश होकर देवों ने वरदान दिया? क्या कभी तुमने किसी निर्धन की गरीबी को दूर करने के लिए मदद की?"

□

अठारहवीं पुतली

तारामती की कथा

मुझसे पहले भी तुम्हें सब पुतलियों ने बहुत समझाया। लेकिन तुम किसी की सलाह पर ध्यान ही नहीं देते हो। मैं भी तुम्हें एक कथा सुनाना चाहती हूँ।

राजा भोज बोला, "मुझे स्वीकार है देवी! मैं तुम्हारे मुख से वह कथा अवश्य सुनूँगा।"

राजा भोज की इच्छा को जानकर दिव्य सिंहासन की अठारहवीं पुतली तारामती ने इस प्रकार कथा शुरू की–

पुराने समय की बात है–आर्यावर्त में एक राजा राज्य करता था। उसने सत्तर वर्ष की आयु में विवाह किया। वह अपनी नवविवाहिता रानी को दिल की गहराइयों से चाहता था। वह उसके रूप यौवन पर इस कदर मुग्ध था कि उसे अपने साथ राजदरबार में भी लाने लगा। रानी से पलभर की जुदाई भी उसके लिए असहनीय थी।

राजा की इस हरकत पर उसके दरबारीगण भी उपहास करने लगे थे। महामंत्री को भी यह बात अच्छी न लगी। एक दिन महामंत्री ने एकांत में राजा को समझाया, "आपको एक व्यक्तिगत राय देना चाहता हूँ महाराज, आप राजदरबार में छोटी रानी को अपने साथ न लाया करें।"

महामंत्री की इस बात को सुनते ही राजा सोच में पड़ गए और बोले, "महामंत्री! ऐसी कोई बात नहीं है। मैं तो उसके मोहपाश में जकड़ा होने के कारण ही ऐसा करता हूँ।"

"उनके रूप-सौंदर्य में आकर्षण ही इतना है कि आपका उनके प्रति आसक्त होना स्वाभाविक है। लेकिन मेरी एक सलाह है कि यदि आप किसी कुशल चित्रकार से छोटी रानी का एक चित्र बनवाकर दरबार में टँगवा दें तो भी वे आपके समक्ष ही रहेंगी।"

महामंत्री का राजा को यह सुझाव पसंद आ गया। महामंत्री ने शीघ्र ही एक अनुभवी चित्रकार की व्यवस्था कर दी। उससे छोटी रानी का चित्र बनाने को कहा गया। चित्रकार ने राजा का आदेश पाकर शीघ्र ही रानी का सुंदर व आकर्षक चित्र बना दिया।

दरबारियों ने चित्र को देखकर उसकी कला की मुक्त कंठ से प्रशंसा की। राजा भी चित्र का बारीकी से निरीक्षण करने लगा। अचानक उसकी नजर रानी की जंघा पर बने तिल पर पड़ी। उसे देखकर राजा शंका से भर उठा। उसने सोचा कि कुछ क्षणों का एकांत पाने के कारण चित्रकार उसके गोपनीय अंग को देख पाने में सफल हो गया होगा। जब राजा ने चित्रकार से तिल का रहस्य पूछा तो उसने कहा कि उसे जन्मजात विलक्षण ज्ञान प्राप्त है जिसके बल पर वह वस्त्रों से ढके अंगों को भी देख पाने में सफल हो जाता है। उसने अपनी कारीगरी का उत्कृष्ट नमूना पेश करने के उद्‌देश्य से ही यह तिल दर्शाया है।

राजा को चित्रकार की बात पर यकीन नहीं हुआ। उसने उसे विश्वासघात का दोषी ठहराते हुए जल्लादों को आदेश दिया कि चित्रकार को सघन जंगल में ले जाकर उसकी गर्दन कलम कर दी जाए तथा उसकी आँखें निकालकर राजा के पास लाई जाएँ।

राजा की आज्ञा का पालन करने के लिए जब जल्लाद चित्रकार को लेकर चले, महामंत्री भी बिना बताए उसके पीछे चल दिया। उपयुक्त अवसर पाकर उसने जल्लादों को धन का लालच देकर चित्रकार को छुड़ा लिया। महामंत्री ने जल्लादों से कहा कि वे राजा को क़िसी हिरण की आँखें ले जाकर दिखा दें।

जल्लादों ने महामंत्री की बात मान ली। महामंत्री ने चित्रकार को अपने साथ ले जाकर एक सुरक्षित स्थान पर छिपा दिया। महामंत्री चित्रकार की विलक्षण गुणों से भली-भाँति परिचित था, अतः उसने उसे कोई भी कष्ट न होने दिया।

एक दिन सबसे छोटा राजकुमार जंगल में शिकार खेलने गया और अपने सैनिकों से बिछुड़ गया। वहाँ उसने एक शेर को अपनी ओर बढ़ते हुए देखा। वह तुरंत आत्मरक्षा के लिए एक ऊँचे वृक्ष पर चढ़ गया।

उस वृक्ष पर पहले से ही एक भालू को बैठे देखा तो वह बुरी

तरह घबरा गया। भालू ने उससे कहा कि आप निर्भय रहें। आपको मुझसे कोई खतरा नहीं होगा क्योंकि हम दोनों ही इस समय शेर के शिकार हैं। तुम भी वचन दो कि मुझे कोई कष्ट नहीं पहुँचाओगे।

राजकुमार ने काँपते स्वर में भालू को वचन दिया कि वह उसका कोई अहित नहीं करेगा। भालू ने कहा कि एक से दो अच्छे होते हैं। हम दोनों एक साथ रहकर सिंह से बचाव की कोई तरकीब सोच सकते हैं।

रात होने पर भी जब उन दोनों में से कोई वृक्ष से नीचे नहीं उतरा तो शेर भालू से कहने लगा, "हे भालू! तुम तो अकारण ही मानव पर भरोसा कर बैठे हो जो कि सदा से ही हमारा जन्मजात शत्रु कहलाता है। हमें और तुम्हें तो हमेशा साथ ही रहना है। उसे नीचे गिरा दो, मैं उसे खाकर अपनी मांद में चला जाऊँगा। उसकी रक्षा करके तो तुम अपने ही प्राण संकट में डाल रहे हो।"

"तुम्हारे बहकावे में आने वाला मैं नहीं हूँ। मैं जिसे अभयदान दे चुका हूँ उसके साथ गद्दारी करने वाला नहीं हूँ। तुम भूख से व्याकुल होकर स्वयं ही शिकार की खोज में चले जाओ।"

शेर को भालू की बात पर गुस्सा आ गया, वह वहीं बैठकर दोनों के उतरने का इंतजार करने लगा। समय गुजरता रहा। राजकुमार को नींद आने लगी तो भालू ने उसे सचेत किया, "सावधान होकर बैठो, वरना नीचे गिरते ही शेर का भोजन बन जाओगे।"

राजकुमार बोला, "क्या करूँ, पेड़ पर बैठे हुए काफी समय हो गया है, नींद को रोका भी तो नहीं जाता।"

"उस डाल पर चले आओ, वह सघन है, आधी रात तक तुम आराम करो, तब तक मैं जाग लेता हूँ, शेष आधी रात तुम जागना, मैं सो लूँगा।"

राजकुमार यह सुनते ही भालू वाली डाल पर जा बैठा तथा भालू राजकुमार के स्थान पर आ गया। राजकुमार ने चार घंटे की नींद पूरी की। बाद में भालू आराम करने लगा तो राजकुमार ने चौकसी बरती। जब भालू के खर्राटे गूँजने लगे तो शेर ने राजकुमार को उकसाया कि वह भालू को नीचे गिरा दे, मैं उसे खाकर माँद में चला जाऊँगा।

शेर की बातों में आकर राजकुमार भालू को नीचे गिराने लगा, लेकिन तभी भालू जाग गया। उसने डाल को मजबूती से पकड़कर

अपनी जान बचा ली। भालू ने उसे इस विश्वासघात के लिए बुरी तरह धिक्कारा। भालू की बात का राजकुमार पर ऐसा मनोवैज्ञानिक प्रभाव पड़ा कि वह भय के कारण गूँगा-बहरा हो गया। भालू ने उसे कोई भी नुकसान न पहुँचाया।

राजा के सैनिक सवेरा होने पर उसे खोजते हुए आए। उन्हें देखकर शेर भाग गया। उन्होंने राजकुमार को नीचे उतारा तथा अपने साथ ले गए।

राजा ने राजकुमर का उपचार कई बड़े वैद्यों से कराया लेकिन कोई सफलता न मिली। एक दिन महामंत्री ने अपने यहाँ छिपाकर रखे गए चित्रकार से राजकुमार का जिक्र किया तो वह उस उसका इलाज करने का आश्वासन दे बैठा।

दूसरे दिन उसे वेश बदलवाकर राजदरबार ले जाया गया। जैसे ही चित्रकार के सामने राजकुमार को लाया गया, उसने अपने दिव्य ज्ञान से उसके रोग का कारण जान लिया। चित्रकार ने संकेत से राजकुमार को समझाया कि उसकी यह दुर्दशा क्यों हुई? राजकुमार चित्रकार का संकेत समझते ही रो पड़ा। उसके मन पर मनोवैज्ञानिक प्रभाव पड़ने से मन का संताप घुल गया। रोते-रोते उसकी आवाज लौट आई और उसे सुनाई भी पड़ने लगा।

जब राजा ने खुश होकर वेश बदले चित्रकार से पूछा कि राजकुमार से उसने क्या कहा तो उसने बताया कि राजकुमार ने सिंह के बहकावे में आकर अपने शरणदाता भालू के साथ गद्दारी की थी, उसी की बद्दुआ के कारण वह गूँगा-बहरा हो गया था। आप चाहें तो यह बात राजकुमार से पूछ सकते हैं।

राजा द्वारा पूछे जाने पर राजकुमार ने सारी बातें स्वीकार कर लीं और पश्चाताप करने लगा। अब भी राजा के आश्चर्य का ठिकाना न था। उसने चित्रकार से पूछा कि वह राजकुमार के रोग के विषय में कैसे जान सका? चित्रकार कहने लगा, "मैंने इसके रोग के विषय में ठीक वैसे ही दिव्य ज्ञान के बल से जान लिया था, जैसे कि पहले कभी एक चित्रकार ने आपकी छोटी रानी की जाँघ पर तिल बिना देखे चित्र में उतार दिया था।"

राजा ने ज्योंहि ये चौंकाने वाले शब्द सुने, उसे चिकित्सक बने चित्रकार को पहचानते देर न लगी। अपनी भूल का अहसास होते ही

राजा ने उसे गले से लगा लिया तथा ढेर सारा ईनाम देकर सम्मान के साथ विदा किया।

विद्वान ने उस श्लोक का आशय कथा के माध्यम से विश्वामित्र को समझाया। वे उसके गुणों से इतने प्रभावित हुए कि उसे एक श्लोक व कहानी के बदले एक लाख स्वर्ण मुद्राएँ पुरुषकार में दीं।

कथा समाप्त करके पुतली मौन हो गई। कुछ पल मौन रहने के उपरांत उसने पुनः कहना शुरू किया, "अब अपने मन में निर्णय करके बताओ राजा भोज, क्या तुमने कभी किसी विद्वान का सम्मान किया है? क्या कभी किसी विद्वान को एक लाख स्वर्ण मुद्राओं का पुरुष्कार दिया है? क्या तुमने कभी इतने मर्म की बात किसी से समझी है? यदि मेरे सवालों का जवाब तुम्हारे पास हाँ में है तो मैं तुम्हें इसी समय इस दिव्य सिंहासन पर बैठने के लिए आमंत्रित करती हूँ, वर्ना इस पर बैठने का विचार दिल से निकालकर वापस लौट जाओ।"

अगले रोज भी उन्होंने ब्राह्मणों से शुभमुहूर्त का पता लगाया व दिव्य सिंहासन की ओर बढ़ने का दुःसाहस करने लगे, लेकिन इससे पहले कि वे पैर से उसे छू भी पाते, उन्नीसवीं पुतली दिव्य सिंहासन के विशेष भाग से प्रकट होकर उनके सामने आ पहुँची। उसने उन्हें दो कदम पीछे कर दिया और इस दुःसाहस के लिए उन्हें धिक्कारती हुई कहने लगी।

□

उन्नीसवीं पुतली

रूपरेखा की कथा

रूपरेखा ने इस प्रकार कथा सुनानी शुरू की–

"दो तपस्वी एक बार किसी विवादित विषय को लेकर राजा विक्रमादित्य के दरबार में हाजिर हुए।

राजा के विवाद के बारे में पूछने पर एक तपस्वी कहने लगा, "महाराज! मेरा कहना है कि मानव का मन ही सर्वाधिक प्रबल होता है, मन जो चाहता है, मनुष्य वही कर बैठता है। अगर मन में इच्छाओं का संचार न हो तो मनुष्य कुछ भी न करे। धर्म-कर्म आदि सब कुछ मन के ही वशीभूत माने गए हैं।

तभी दूसरे तपस्वी ने उसकी बात का विरोध करते हुए कहा, "राजन्! मैं इस बात को नहीं मानता। मेरा विचार है कि सब कुछ ज्ञान से होता है। यदि कोई मनुष्य ज्ञानी है तो अपने ज्ञान के बल पर वह मन को भी वश में कर सकता है। ज्ञान के आगे मन की कोई शक्ति नहीं है।"

राजा विक्रमादित्य अक्सर आगंतुकों की समस्याओं का समाधान तुरंत प्रस्तुत कर देते थे, लेकिन आज उनके सामने एक ऐसा जटिल प्रश्न आया था जिसका उत्तर वे तत्काल देने की स्थिति में नहीं थे। उन्होंने दोनों तपस्वियों को कुछ समय बाद आने का आदेश दिया।

राजा ने इस प्रश्न का उत्तर पाने के लिए भी सोचा कि उस समय तक राज-काज मंत्रियों को सौंप दिया जाए तब तक कि इस प्रश्न का उत्तर नहीं मिल जाता। राज्य का कार्यभार मंत्रियों को सौंपकर विक्रमादित्य साधारण नागरिक के वेश में इधर-उधर घूमने लगे।

उन्होंने एक दिन एक निर्धन युवक को बैलगाड़ी में बोझा ढोते हुए पहचान लिया। उस समय वह युवक बैलगाड़ी का कोचवान बना

एक वृक्ष के नीचे विश्राम कर रहा था।

"शायद तुम स्वर्गीय सेठ गोपालदास के बेटे नौरंगीदास हो?" राजा ने उसके करीब आकर पूछा।

युवक ने अपने माथे का पसीना पोंछते हुए कहा, "आपका अनुमान सही है महानुभाव। लेकिन फिलहाल तो मैं नौरंगी रह गया हूँ, बहुत से लोग मुझे नौरंगिया भी कह देते हैं।"

"लेकिन यह स्थिति कैसे आई? मुझे तो अभी तक याद है कि मरते समय तुम्हारे पिता ने अपना सारा धन तुम दोनों भाइयों में आधा-आधा बाँट दिया था। धन भी दोनों के हिस्से में इतना था कि जीवनभर आराम से गुजारा चल सकता था।"

जब राजा ने उसकी इस दुर्दशा का कारण पूछा तो वह कहने लगा, "मैं अब आपसे छुपाकर भी क्या करूँगा। पिताजी की मौत के बाद मैं पूरी तरह संपन्न था। लेकिन चूँकि मैं अपने मन को सँभाल न सका था, अतः मुझे अनेक दुर्व्यसनों ने जकड़ लिया था। मुझे वे सभी दुर्व्यसन लग गए थे जो कि किसी संपन्न युवक को बर्बादी की ओर ले जा सकते थे।

पिताजी के मरते ही मैं कुसंगत में पड़ गया। कुसंगत में पड़कर मुझे जुआ, मदिरापान और वेश्यागमन के दुर्व्यसन लग गए। मुझे मेरे बड़े भाई ने बहुत समझाया-बुझाया लेकिन मैंने उनकी कोई बात नहीं सुनी।

एक वर्ष में ही मैंने अपना संपूर्ण धन नष्ट कर डाला। दुर्व्यसनों की पूर्ति के लिए मैं लोगों से उधार माँगने लगा। जब बाल-बाल कर्जे में बिंध गया तो मुझे नगर ही छोड़ देना पड़ा।"

"ओह!" राजा ने सहानुभूति दर्शाई व सोचने लगा—अपने कथन में उसने मन की चंचलता वाली बात बताई है। अपने मन को वश में न रखने के कारण वह युवक बर्बाद हो गया। अब राजा को संन्यासियों के विवाद का आधा उत्तर मिल गया था।

"तुमने भविष्य के लिए क्या सोचा है?" राजा ने पूछा।

"ऊपर वाले की दया से अब तो मुझे सद्बुद्धि आ गई है। बहुत ठोकरें खाने के बाद मैं धन की कद्र करना सीख पाया हूँ। अब मैं अपना गुजारा करने के साथ ही कुछ रुपया बचाने भी लगा हूँ। रुपया बचाकर ही मैंने यह बैलगाड़ी खरीदी है, इसी से रोजी-रोटी का जुगाड़ बना रहा हूँ।"

"ठोकरें खाकर तुम्हें सद्बुद्धि यानि मन को वश में रखने का ज्ञान प्राप्त हो चुका है।"

"जी महानुभाव!"

"इस ज्ञान के द्वारा ही तुम मन की चंचलता पर काबू पाए रहोगे?"

"जी अवश्य! यदि मुझे इतनी ठोकरें खाने के बाद भी सद्बुद्धि न आई तो मेरा मानव जीवन ही व्यर्थ होगा।"

राजा को संन्यासियों की दूसरी बात का उत्तर भी मिल गया था। यानि उस युवक ने सद्बुद्धि अर्थात् ज्ञान के बल पर अपना मन वश में कर लिया था।

उसके उत्साह से प्रसन्न होकर राजा ने उसे कुछ स्वर्णमुद्राएँ निकालकर दीं तथा बोले, "इन्हें रख लो नौरंगीदास! व्यापार बढ़ाने में काम आएँगी। अपने ज्ञान के बल पर शीघ्र ही व्यापार को बढ़ाकर पहले जैसी स्थिति में पहुँच जाओगे।"

नौरंगीदास ने चौंकते हुए जब उनसे परिचय पूछा तो वे कहने लगे, "मैं तुम्हारा राजा विक्रमादित्य हूँ। ये स्वर्णमुद्राएँ मेरी ओर से उपहारस्वरूप रख लो। यह भी सत्य है कि मैं तुम्हारे सारे परिवार को जानता हूँ।"

राजा का परिचय पाकर नौरंगीदास ने उन्हें दंडवत् प्रणाम किया और मुद्राओं के लिए आभार प्रकट करता हुआ चला गया।

जब राजा के सामने संन्यासी पहुँचे तो उन्होंने निर्णय सुनाया, "निःसंदेह मन बार-बार मनुष्य के शरीर पर नियंत्रण करने का प्रयास करता है, जो मन के प्रवाह में बह जाता है, उसका विनाश हो जाता है। अगर मन शरीर रूपी रथ में जुड़े हुए घोड़े हैं तो ज्ञान को उनका सारथि कहना चाहिए। यदि सारथि घोड़ों की लगाम ढीली छोड़ दे तो वे निरंकुश होकर दौड़ने लगते हैं। इसलिए ज्ञान रूपी सारथि द्वारा मन रूपी घोड़ों को काबू में रखा जाना जरूरी होता है। अतः ये दोनों ही महत्त्वपूर्ण हैं।

संन्यासियों के द्वारा नौरंगीदास के विषय में जिज्ञासा प्रकट किए जाने पर राजा ने जो कुछ भी अनुभव किया था, बता दिया। संन्यासियों ने अपने विवाद का सही समाधान पाकर राजा को चमत्कारी खड़िया देते हुए कहा, "इस खड़िया का गुण है कि आप

इससे दीवार पर जो भी आकृति बनाएँगे, रात में वे सभी जीवंत हो उठेंगी, आप उनका वार्तालाप भी सुन सकते हैं, भले ही वह व्यक्ति

कितनी भी दूर हो।"

राजा ने खड़िया सधन्यवाद स्वीकार कर ली। दोनों संन्यासी राजा का अभिवादन करके विदा हो गए।

संन्यासियों को विदा करके राजा ने चमत्कारी खड़िया का परीक्षण करने के उद्देश्य से दीवार पर भगवान कृष्ण तथा सरस्वती माता के चित्र बताए। रात में दोनों चित्र जीवंत हो उठे। राजा ने उनका परस्पर वार्तालाप भी सुना। सवेरा होते ही वे आकृतियाँ पूर्ववत् खड़िया से चित्रित रह गईं।

अब राजा दीवारों पर अनेक प्रकार के चित्र जैसे–घोड़े, हाथी और सैनिकों को बनाने लगे। उनके मनोरंजन का यह एक साधन बन चुका था। वे अपना अधिकांश समय इसी प्रकार गुजारते थे। उनके विषय में रानियों को भी यह शंका होने लगी थी कि कहीं राजा को गृहस्थी से वैराग्य तो नहीं हो रहा है।

राजा की दशा देखने के लिए एक रात सभी रानियाँ उसी कक्ष में छुपकर बैठ गईं। जब रात होने पर चित्र जीवंत हो उठे तो उनके आश्चर्य का ठिकाना न रहा। जब आहट पाने पर राजा ने उनकी ओर देखा तो वे कहने लगीं, "स्वामी! हमसे कोई भूल हो गई क्या जो आप इस प्रकार अपनी ही दुनिया में गुम हैं?"

अब राजा को अहसास हुआ कि वे तो सांसारिक जीव हैं। उनका रानियों के प्रति भी कुछ कर्त्तव्य बनता है। इन्हें मन की चंचलता पर काबू पाना चाहिए।

उन्होंने रानी को खड़िया देते हुए कहा, "यह खड़िया ही तुम्हारे प्रति मेरी उदासीनता का कारण थी, इसे तुम रख लो।"

अगले ही पल वे अपने शयनागार की ओर बढ़ गए।

कथा समाप्त करके रूपरेखा कुछ पलों के लिए मौन हो गई। कुछ पलों के बाद वह बोली, "सुनो राजा भोज! अगर तुमने यह कथा ध्यानपूर्वक सुनी है तो बताओ कि क्या तुमने कभी किसी गूढ़ प्रश्न का समाधान खोजा है? क्या किसी संन्यासी ने तुम्हें कोई चमत्कारी वस्तु प्रदान की है? अगर तुमने ऐसा कोई कार्य किया है तो मैं तुम्हें इस सिंहासन पर बैठने के लिए आमंत्रित करती हूँ और यदि नहीं किया तो इस पर बैठने का मोह तुम्हें त्याग देना चाहिए।"

□

बीसवीं पुतली

ज्ञानवती की कथा

महाराजा विक्रमादित्य के शासनकाल में उज्जैन नगरी ज्ञानी एवं विद्वान लोगों का केंद्र थी। उनके राज्य में विद्वानों को सदैव सम्मानित किया जाता था। एक बार जब विक्रमादित्य ध्यान लगाने वन में पहुँचे तो उन्हें दो प्रकांड पंडित परस्पर वार्तालाप करते सुनाई पड़े। राजा गुप्त रूप से उनकी बातें सुनना चाहते थे। अतः उन्होंने अदृश्य होने वाला तिलक घिसकर मस्तक पर लगाया और अदृश्य हो गए। अब वे दोनों पंडित उन्हें न देख सकते थे, लेकिन राजा विक्रमादित्य उनको देख सकते थे तथा उनकी प्रत्येक बात को स्पष्टतः सुन सकते थे।

एक पंडित किसी मृत पशु की हड्डी का टुकड़ा देखकर यह बताने का दावा कर रहा था कि वह हड्डी किस पशु की है तथा उस पशु को मरे हुए कितना समय गुजर चुका है। वह वन में इसी विषय पर शोध हेतु आया था।

उस पंडित ने मार्ग में पड़ी एक हड्डी उठाई और कहने लगा, "यह एक मृग की अस्थि है तथा इसकी जीवन लीला समाप्त हुए चार वर्ष व्यतीत हो गए हैं।"

पहले की बात पर दूसरे पंडित ने विश्वास नहीं किया, उसका तर्क था कि मृग से यह पूछा तो नहीं जा सकता कि यह हड्डी उसी की है अथवा उसे मरे हुए चार वर्ष हो चुके हैं।

"तुम मेरे ज्ञान को इतनी सरलता से नहीं समझ सकते। मेरा ज्ञान बहुत गूढ़ है।"

"सच्चा ज्ञान वही है जिससे किसी को संतुष्ट किया जा सके या जिसका प्रत्यक्ष प्रमाण प्रस्तुत किया जा सके।" दूसरे पंडित ने उपेक्षापूर्वक कहा।

"इसमें क्या मुश्किल है, मैं अपने ज्योतिष ज्ञान के आधार पर

हाथ, पाँव व मस्तक की रेखा देखकर यह बता सकता हूँ कि उस व्यक्ति का वर्तमान, भूत एवं भविष्य कैसा है।"

"तुम मेरे वर्तमान एवं भूत को भली-भाँति जानते हो, जबकि मेरा भविष्य अंधकार में विलीन है, अत: मैं उस पर यकीन नहीं कर पाऊँगा, सिर्फ वर्तमान एवं भूत के ज्ञान मात्र से ही तुम मुझे प्रभावित नहीं कर सकते।"

"मैं स्वयं भी ऐसा नहीं चाहता मित्र!" पहले पंडित ने कहा।

उसी समय मार्ग में चलते हुए उसने जमीन पर पड़े किसी मानव के पद-चिह्न देखे। उसके मन में विचार आया कि यह अपने साथी को अपने ज्ञान से चमत्कृत करने का एक अनोखा अवसर है। यह सोचते हुए बोला, "जो पद-चिह्न तुम देख रहे हो वे किसी साधारण मनुष्य के न होकर एक राजा के होने चाहिए। ऐसा लगता है कि इधर से कोई राजा नंगे पैरों चलकर गया है।"

दूसरा साथी मौन भाव से उसके साथ चलने लगा। कुछ दूर जाने पर उन्हें एक लकड़हारा बैठा हुआ मिला, उसके ईद-गिर्द लकड़ियाँ बिखरी हुई थीं।

ज्योतिष ज्ञान वाले पंडित ने लकड़हारे से पूछा कि वह यहाँ कब से बैठा हुआ था तथा उसके सामने कोई उधर से गुजरा तो नहीं। लकड़हारे ने उसे बताया कि उधर से इंसान तो क्या कोई जानवर भी नहीं गुजरा है।

लकड़हारे की बात सुनकर ज्योतिषी सोच में पड़ गया और कहने लगा, "क्या अपने पैरों के तलुवे दिखा सकते हो भाई? मैं ज्योतिषी हूँ।"

"तुम्हारा ज्योतिष मेरे किस काम का? मैं अपने अतीत को याद नहीं रखना चाहता, मैं वर्तमान में खुश हूँ तथा भविष्य की कोई परवाह नहीं, अपने ज्ञान से किसी और को चमत्कृत करो।"

"दरअसल राह में मैंने जो पद-चिह्न देखे थे, उनसे मैं तसल्ली करना चाहता हूँ कि वास्तव में वे तुम्हारे हैं या किसी राजा के।"

उसकी बात मानकर लकड़हारे ने अपने पैर दिखा दिए। ज्योतिषी लकड़हारे के पैरों को देख आश्चर्य में पड़ गया क्योंकि उसके पैरों में कमल की आकृति बनी थी। जबकि ऐसी आकृति केवल राजाओं के पैरों में ही पाई जाती है। उसके मित्र ने भी लकड़हारे के पैरों को

देखा तो आश्चर्य में पड़े बिना न रह सका।

उसका मित्र कहने लगा, "अब तुम्हें यह सिद्ध करना है कि यह कमल आकृति युक्त पैर वाला व्यक्ति राजा ही है।"

ज्योतिषी ज्ञानी का साथी उसे बुरी तरह धिक्कारने लगा।

ज्योतिषी अभी भी हार मानने को तैयार न था। उसका कहना था कि यह इतना प्रबल लक्षण था जो कि सामान्य ज्योतिष ज्ञान की पुस्तक में भी मिल सकता था। इस बात से उसका साथी भी सहमत था, लेकिन इस समय वह भी घोर आश्चर्य में डूबा हुआ था।

"मैंने तो शास्त्रीय ज्ञान के आधार पर ही ऐसा कह दिया था, अब मुझे भी शंका होने लगी है कि कहीं मेरा यह ज्ञान अधूरा तो नहीं है। मैं प्रमाण हेतु एक पैर और देखना चाहता हूँ। यदि दूसरे पैर में मुझे विपरीत लक्षण नजर आए तो समझूँगा कि ज्योतिष शास्त्र झूठ है, ऐसी पुस्तकों को नष्ट कर डालूँगा मैं। लेकिन मुझे कुछ समय चाहिए मित्र।"

"वह किसलिए?"

"हमें उज्जैन चलकर राजा विक्रमादित्य के पैर देखने होंगे। पता नहीं उनके पैरों में ये लक्षण हैं अथवा नहीं?"

एक मत होकर दोनों राजा विक्रमदित्य के राजद्वार पर जा पहुँचे। प्रवेश की आज्ञा पाकर दोनों ने राजा का अभिवादन किया। राजा उनसे एकांत में मिले।

"महाराज! मैं एक ज्योतिषी हूँ। मैं आपके तलुए देखकर उनमें स्थित लक्षणों से सन्तुष्ट होना चाहता हूँ।"

यह सुनकर राजा ने अपना पैर बढ़ा दिया। ज्योतिषी ने राजा का पैर देखा तो हैरत में पड़ गया, क्योंकि उसमें कोई भी राजाओं वाला चिह्न नहीं था।

विक्रमादित्य ने जब उसकी उदासी का कारण पूछा तो वह कहने लगा, "महाराज! मैं इस बात को देखकर हैरत में हूँ कि जिस व्यक्ति के पैरों में राजाओं वाले चिह्न हैं तो वह जंगल में लकड़ी काट रहा है तथा जिसके पैर में वैसा लक्षण नहीं, वह राजा सुख भोग रहा है। ज्योतिष ज्ञान झूठा तो नहीं हो सकता।"

"नहीं, पुस्तक ज्ञान कभी गलत नहीं होता। उस पर पूरे आत्मविश्वासपूर्वक विश्वास करने वाले का ज्ञान अधूरा होता है।"

यह कहते हुए राजा ने एक चाकू से अपने तलुए पर लगी खाल की खिल्ली खुरच दी। अगले ही पल कमल की आकृति नजर आने लगी।

उसके बाद राजा ने उन्हें बताया कि जंगल में मिला लकड़हारा मैं ही था। तुम अपने ही ज्ञान के प्रति भ्रमित थे, उसी भ्रम को मिटाने के लिए मुझे यह सब करना पड़ा। वैसे तुम्हारा ज्ञान अधूरा है, जिसका ज्ञान पूर्ण है, उन्हें किसी परीक्षण की जरूरत नहीं पड़ती ब्राह्मण।"

यह सुनकर ज्योतिषी लज्जित हुआ, फिर भी राजा ने उन्हें पुरुष्कार देकर विदा किया।

कथा के अंत में पुतली बोली, "राजा भोज तुमने कभी किसी ज्ञानी का उसके अधूरे ज्ञान के प्रति सीख दी है? यदि हाँ तो सिंहासन ग्रहण करो, वर्ना लौट जाओ।"

राजा निरुत्तर होकर उस दिन भी लौट गए। पुतली भी अंतर्ध्यान हो गई। अगले दिन राजा ने जैसे ही सिंहासन की ओर कदम बढ़ाया, इक्कीसवीं पुतली ने उसे रोक दिया और कहने लगी।

□

इक्कीसवीं पुतली

चंद्रज्योति की कथा

राजा भोज की कथा के प्रति उत्कंठा को जानकर दिव्य सिंहासन की इक्कीसवीं पुतली चंद्रज्योति ने इस प्रकार कथा सुनानी शुरू की–

"एक बार राजा विक्रमादित्य एक महायज्ञ की तैयारी में लगे थे। इसमें वे चंद्रदेव को आमंत्रित करना चाहते थे। उन्हें आमंत्रित करने का दायित्व उन्होंने अपने महामंत्री को सौंप दिया। राजा की आज्ञा पाकर महामंत्री चंद्रलोक के लिए प्रस्थान करना ही चाहते थे कि तभी उनका सेवक करबद्ध प्रणाम करके एक ओर खड़ा हो गया।

राजा ने सोचा कि वह महामंत्री के लिए कोई जरूरी संदेश लेकर आया होगा। सेवक तथा महामंत्री के बीच मंद स्वर में कोई बात हुई जिसे सुनते ही महामंत्री उदास हो गए। राजा उसके दिल के भावों को चेहरा देखकर ही समझ गया था, फिर भी पूछने पर महामंत्री ने कहा, "कोई खास बात नहीं महाराज! मेरी पत्नी ने मुझे याद किया है, मैं जल्दी ही लौट जाऊँगा।"

"यदि मेरे योग्य कोई काम हो तो निःसंकोच बोल देना।" राजा ने कहा।

महामंत्री के जाते ही उत्सुकतावश राजा ने सेवक से महामंत्री की उदासी का कारण पूछा तो वह कहने लगा, "राजन्! उनकी पुत्री सुलक्षणा की हालत इस समय बहुत गंभीर है। वह किसी असाध्य रोग से पीड़ित है, कोई भी वैद्य उसके रोग को पकड़ नहीं पाया है।"

"यदि उनकी पुत्री को कोई असाध्य रोग है तो उन्होंने हमसे उसकी चर्चा क्यों नहीं की? अगर वे कहते तो उन्हें अवकाश मिल सकता था।"

"दरअसल उन्होंने मुझसे भी इस बारे में आपको कुछ न बताने के लिए कहा था, क्योंकि वे नहीं चाहते थे कि आपके इस महायज्ञ

में किसी प्रकार की बाधा उत्पन्न हो।"

राजा को यह जानकर महान आश्चर्य हुआ। वे मन ही मन महामंत्री के धैर्य एवं स्वामिभक्ति की प्रशंसा करने लगे। अगले ही पल उन्होंने राजवैद्य को पुकारा।

"वैद्यराज! हमारे महामंत्री की पुत्री के रोग की बात अब हमसे छिपी नहीं रह गई है, उसका उपचार तो आपने किया ही होगा?"

"महाराज! अपनी ओर से तो मैं अब भी पूरी कोशिश में लगा हूँ कि उसे पूर्ण स्वास्थ्य लाभ हो जाए लेकिन मैं उसका रोग अभी ठीक से समझ नहीं पा रहा हूँ। मैंने दूसरे वैद्यों से भी इस बारे में परामर्श किया लेकिन कोई लाभ न हो सका। क्योंकि उसकी बीमारी अंतिम चरण में पहुँच चुकी है। अगर कोई उम्मीद की जा सकती है तो वह ख्वांग बूटी से ही की जा सकती है। यह किसी भी असाध्य रोग में रामबाण का कार्य करती है।"

"तुम इस बूटी को कैसे जानते हो?"

"बहुत पहले यह बूटी मुझे एक संन्यासी ने लाकर दी थी, मैंने उससे एक असाध्य रोगी को ठीक किया था, लेकिन दुर्भाग्यवश अब वह मेरे पास नहीं है।"

"क्या उसे मँगाया नहीं जा सकता?"

"मँगाया जा सकता है, परंतु इतना समय ही कहाँ है। वह नीलरत्नगिरि की पहाड़ियों की चोटी में ही मिल पाती है, वहाँ तक पहुँचने और लौटने में कई महीने लग जाएँगे, जबकि सुलक्षणा का तो आज रात का भी भरोसा नहीं है।"

"मुझे उसकी पहचान बताओ। मैं वहाँ जाऊँगा।"

"वह कंटीली झाड़ियों के रूप में नजर आती है। उसका आधा फूल पीला व आधा नीला रहता है, छूने से लाजवंती की तरह लजा जाती है। वहाँ का मार्ग दुर्गम है तथा जहरीले जंतुओं का कदम-कदम पर खतरा रहता है।"

राजवैद्य को धन्यवाद देकर राजा ने खुद ही वहाँ जाने का मन बना लिया।

राज्य की सीमा से बाहर आकर राजा ने बेतालों का स्मरण किया और उन्हें नीलरत्नगिरि ले जाने का आदेश दिया। आदेश पाते ही दोनों बेताल उन्हें लेकर मंजिल की दिशा में उड़ चले। पहाड़ी पर पहुँचकर

राजा ने घाटी का रुख किया। गहरी घाटी विषैले जंतुओं, पत्थरों व ढूहों से भरी पड़ी थी।

राजा ख्वांग बूटी की तलाश में निर्जन घाटी में भटकता रहा। कुछ ही दूरी पर उसे शेर की दहाड़ सुनाई पड़ी। जैसे ही राजा ने तलवार सँभाली, शेर ने उस पर छलाँग लगा दी और राजा की बाँह को जख्मी करता चला गया। राजा ने सिंह को दूसरा हमला करने का मौका नहीं दिया। उससे पहले ही राजा ने तलवार के वार से उसकी जीवनलीला समाप्त कर दी।

आगे बढ़ते ही राजा को भयानक साँपों के झुंड नजर आए। राजा ने पत्थरों के टुकड़े फेंक-फेंककर उन्हें मार्ग से हटाया और आगे बढ़ गए। जैसे ही वे आगे बढ़े, उन्हें लगा कि कोई उन्हें पीछे खींच रहा है, फिर जैसे उनका सारा शरीर हवा में उठ गया। उन्होंने देखा कि वे एक विशालकाय अजगर के मुँह में समाते जा रहे हैं। अजगर ने साँस खींचकर उन्हें अंदर खींच लिया। वे पलक झपकते ही उनके पेट में चले गए। उसके पेट में जाकर भी राजा ने हिम्मत न हारी। उन्होंने अपनी तलवार से अजगर का पेट फाड़ डाला और बाहर निकल आए।

इस समय घाटी में इतना अंधकार घिर चुका था कि आगे बढ़ना व्यर्थ की चेष्टा थी। अतः वे एक वृक्ष पर चढ़कर विश्राम करने लगे। रातभर वे वृक्ष पर चढ़े और रातभर विश्राम करते रहे। अगले दिन भी दुर्गम घाटी में ख्वांग बूटी की खोज में भटकते रहे। इसी प्रकार शाम का अँधेरा घिरने लगा। राजा ने मन-ही-मन कहा, "चंद्रदेव के दर्शन हो जाते तो बूटी खोजने में परेशानी न होती।"

राजा की इच्छा जानते ही चंद्रदेव प्रकट हो गए। तभी राजा को ख्वांग बूटी नजर आ गई। उसके चारों ओर बड़े-बड़े बिच्छू नजर आ रहे थे। राजा ने एक डाल तोड़ी और बिच्छुओं को हटाकर मार्ग साफ किया। उन्होंने तलवार से बूटी का काफी सारा भाग काटा तथा चंद्रदेव को धन्यवाद देते हुए लौट चले, "आपका बहुत-बहुत धन्यवाद चंद्रदेव! आपके दर्शन न होते तो यह रात भी निष्फल गुजरती।"

उसी समय एक तीव्र प्रकाशपुंज से निकल चंद्रदेव सशरीर राजा विक्रमादित्य के समक्ष आशीर्वाद की मुद्रा में प्रकट होकर कहने लगे,

"राजन् मैं तुमसे अत्यंत प्रसन्न हूँ। तुम निःस्वार्थ भाव से इतने कष्ट उठाकर यहाँ तक आए। यह भी किसी महायज्ञ से कम पुण्यप्रद कार्य नहीं है। अब तुम्हें इस बूटी की नहीं, बल्कि अमृत की आवश्यकता होगी, उसके द्वारा महामंत्री की पुत्री पुनः जी उठेगी। यह बूटी अन्य रोगियों के दुःख हरेगी।"

"तो क्या वह अब इस दुनिया में नहीं रही भगवन?"

"कुछ ऐसा ही समझ लो राजन्!" यह कहते हुए चंद्रदेव ने उन्हें अमृत का कलश दे दिया। वह कहने लगे, "मैंने तुम्हें दर्शन दिए हैं। अतः यज्ञ में मेरा आना भी जरूरी नहीं रहा। यदि मैं वहाँ पहुँचा तो अन्य भूभाग में अंधकार छा जाएगा। स्वार्थ सिद्धि के लिए किसी को कष्ट पहुँचाना अनैतिकता ही होगी। मेरी शुभकामनाएँ सदैव तुम्हारे साथ रहेंगी।"

इतना कहकर चंद्रदेव अंतर्ध्यान हो गए।

घाटी से बाहर आकर राजा विक्रमादित्य ने बेतालों की सहायता से उज्जैन तक की यात्रा पूरी की। महामंत्री की बेटी को अमृत पिलाकर पुनर्जीवित किया। ख्वांग बूटी वैद्यराज को दी। महामंत्री बार-बार राजा को धन्यवाद देने लगा और चंद्रदेव की स्तुति करने लगा।"

इतनी कथा सुनाने के बाद इक्कीसवीं पुतली पलभर के लिए मौन हो गई। कुछ क्षणों के बाद बोली, "राजा भोज! क्या तुमने कभी कोई ऐसा महायंज्ञ किया जिसमें चंद्रदेव को निमंत्रण दिया हो, कभी तुमने किसी की प्राण रक्षा हेतु अपने प्राणों को संकट में डाला? यदि हाँ तो इस सिंहासन पर बैठो वर्ना लौट जाओ।"

यह सुनकर राजा भोज निरुत्तर होकर लौट गए। पुतली भी सिंहासन में समा गई। अगले रोज राजा ने प्रयास किया तो बाईसवीं पुतली अनुरोधवती ने आगे बढ़कर उसका मार्ग रोक दिया व कहने लगी।

□

बाइसवीं पुतली

अनुरोधवती की कथा

स्वयं तो राजा विक्रमादित्य उच्चकोटि के कलापारखी थे ही, साथ ही वे विद्वानों, बुद्धिजीवियों तथा अन्य कलापारखियों का भी बहुत सम्मान किया करते थे। उनके राज्य में माधव नामक एक युवक रहता था जो कि अनेक कलाओं में निपुण था। विश्व का शायद ही कोई ऐसा विषय रहा होगा जो उससे बच पाया हो अथवा जिसमें उसने निपुणता न हासिल की हो।

प्रत्येक विषय का उसे संपूर्ण ज्ञान था। वह स्पष्टवादिता में विश्वास रखता था। वह अनेक राज्यों में नौकरी कर चुका था, लेकिन स्पष्टवादिता के कारण उसे कहीं भी अधिक दिनों तक नहीं रहने दिया जाता था।

उसे पता चला कि राजा विक्रमादित्य विद्वानों एवं कला पारखियों का सम्मान करते हैं। उसने राजा से मिलने का मन बना लिया। जब वह उनके महल के द्वार पर पहुँचा तो राजदरबार में कोई संगीत सभा का आयोजन चल रहा था। अतः उसे तत्काल प्रवेश की अनुमति न मिल सकी। वह बाहर ही बैठकर प्रतीक्षा करने लगा।

राजदरबार में नृत्य-संगीत पूरे यौवन पर था। मृदंग एवं अन्य वाद्यों के स्वर स्पष्ट सुनाई पड़ रहे थे। बड़ा ही मनमोहक एवं रोचक कार्यक्रम चल रहा था।

अचानक माधव क्रोधावेश में उठ खड़ा हुआ और बड़बड़ाने लगा, "कमाल है, अंदर एक साजिंदा दोषपूर्ण वादन कर रहा है और किसी का उस ओर ध्यान तक नहीं गया, क्या खाक कलापारखी हैं, सुनने एवं देखने वाले?"

"जानते हो तुम क्या कह रहे हो तथा इस सबका क्या अंजाम हो सकता है? भीतर हमारे महाराजाधिराज भी बैठे हुए हैं। फिर एक

साजिंदे के दोष को क्यों नहीं पकड़ पा रहे हैं? देखो भीतर सोलह साजिंदे चार-चार की टुकड़ी में बैठे हुए हैं, जो टुकड़ी पूरब की दिशा में है, उसी में से कोई एक साजिंदा दोषपूर्ण वादन कर रहा है।"

माधव की इस बात पर द्वारपाल ने उसे विस्मित होकर देखा। जिस स्थान पर माधव खड़ा था, वहाँ से महफिल की एक झलक भी न मिल सकती थी। उसने वहाँ की झलक पाए बिना ही मात्र ध्वनियों के आधार पर यह बात कह दी थी।

द्वारपाल कहने लगा, "यदि तुम्हारे कथन में जरा भी असत्यता पाई गई तो राजदंड भोगना होगा।"

"मुझे स्वीकार है।"

द्वारपाल यह सुनते ही भीतर जा पहुँचा। महफिल का शबाव अब उतार पर आ चुका था। द्वारपाल ने राजा के सामने पहुँचकर अभिवादन किया तथा उसके कान के करीब मुँह करके बाहर उपस्थित व्यक्ति के बारे में साजिंदे का दोष पकड़ने वाली बात कही।

बाहर खड़े व्यक्ति को राजा ने तुरंत अंदर लाने का आदेश दिया। माधव को भीतर बुला लिया गया। राजा के आदेश पर महफिल के साजिंदों ने अपना कार्य रोक दिया।

राजा ने माधव से पूछा, "हाँ, अब बताओ, तुम द्वारपाल से क्या कह रहे थे?"

माधव ने कहा, "राजन्! मैं अपने ज्ञान एवं अनुभव के आधार पर कह सकता हूँ कि इन तबलावादकों में से एक का अँगूठा दोषपूर्ण है।"

राजा को इस बात की कतई जानकारी न थी। उन्होंने माधव से कहा, "यदि तुम्हारे कथन को सत्य न पाया गया तो तब तुम्हारे साथ क्या सलूक किया जाए?"

"आप मेरी गर्दन तत्काल उड़ा सकते हैं।"

यह सुनकर राजा ने सभी तबलावादकों को एक पंक्ति में खड़ा करवा दिया और सबके हाथों का निरीक्षण करने लगे। शीघ्र ही उस तबलावादक का पता लगाने में सफल हो गए, जिसने अपने अँगूठे पर पतली खाल चढ़वा रखी थी, उस चढ़ी खाल के नीचे दाहिने अँगूठे का अगला पोर कटा हुआ था।

राजा के निकट आते ही उस तबला वादक ने अपना सिर झुका

लिया। राजा माधव के कथन को सत्य पाकर प्रसन्न हुए व उसका परिचय जानने की इच्छा व्यक्त की। माधव ने अपना पूरा परिचय दिया। साथ ही अपने ज्ञान के बारे में भी बताया। राजा ने खुश होकर माधव को दरबार में रख लिया। माधव समय-समय पर अपनी विद्वत्ता का प्रदर्शन करके राजा को चकित कर देता था। राजा उसकी विद्वत्ता पर प्रसन्न होकर पुरुष्कृत करते रहते थे।

एक बार राजदरबार में एक कुशल नर्तकी के नृत्य का आयोजन हुआ। इसी महफिल में कलापारखी माधव भी उपस्थित था। वह नृत्यांगना नृत्यकला में निपुण होने के साथ-साथ बेहद खूबसूरत भी थी।

जब वह पूरे मनोयोग से नृत्य कर रही थी तभी न जाने कहाँ से अचानक एक भौंरा आकर उसके उन्नत वक्ष पर बैठ गया। उसे देखकर वह परेशान हो गई कि भौंरे को उड़ाए तो कैसे? उसे उड़ाने के लिए वह हाथों का प्रयोग करती तो नृत्य में भंग पड़ सकता था। उसने अपनी दक्षता का परिचय देते हुए पूरी सांस खींचकर नाक से इस प्रकार साँस छोड़ी कि भौंरा उड़ गया।

पलक झपकते ही यह सब कुछ हो गया था। उपस्थित लोगों में माधव के सिवाय कोई भी इस निपुणता को न देख सका था।

यह देखते ही माधव वाह-वाह कर उठा। उसने आगे बढ़कर अपने गले से एक बहुमूल्य माला उतारकर नर्तकी के गले में डाल दी। यह देखते ही दरबारीगण क्षुब्ध हो उठे क्योंकि जो कार्य माधव ने किया था वह महफिल के अनुशासन के विरुद्ध था। राजा की महफिल में राजा विक्रमादित्य के अलावा किसी अन्य द्वारा नर्तकी को पुरुष्कार अथवा उपहार देना अनुशासनहीनता समझी जाती थी।

राजा ने क्रोधावेश में भरकर पूछा, "बोलो माधव! यह गुस्ताखी तुमने क्यों की? सही निदान प्रस्तुत न होने पर तुम्हें दंड दिया जाएगा।"

"महाराज! यदि मैंने ऐसा न किया होता तो नर्तकी की नृत्य कला का सम्मान अधूरा रह जाता। उसके नृत्य में जो बात मैंने देखी उसे न तो आप ही देख पाए, और न ही अन्य दरबारीगण। नर्तकी ने बिना एक ही लय-ताल तोड़े जिस निपुणता के साथ भौंरा उड़ा दिया, वह इसकी उत्कृष्ट कला का परिचय है। इसका पुरुष्कार उसे मिलना ही

चाहिए था।"

राजा के पूछने पर नर्तकी ने माधव की बात का समर्थन किया तो राजा का क्रोध शांत हो गया। उन्होंने प्रसन्न होकर माधव तथा नर्तकी को बहुत-सा पुरुष्कार दिया।

इस घटना के बाद माधव का राजदरबार में मान-सम्मान पहले से काफी बढ़ गया था। अब राजा विक्रमादित्य उसे अपने दरबारियों एवं नवरत्नों के साथ बिठाने लगे थे। यदि कोई भी जटिल समस्या होती तो उसमें राजा माधव का परामर्श अवश्य लेते थे। वह उसका ऐसा समाधान प्रस्तुत करता कि सभी दरबारीगण प्रभावित हुए बिना न रहते।

एक दिन दरबारियों ने बुद्धि एवं संस्कार पर चर्चा की। सभी दरबारियों का मत था कि बुद्धिमान लोगों के संस्कार अच्छे होते हैं लेकिन माधव उनकी बात से सहमत नहीं था। उसकी व्यक्तिगत राय पूछे जाने पर उसने कहा, "राजन्! किसी भी व्यक्ति में बुद्धि का विकास उसके पूर्वजन्म के कर्मों के कारण होता है। कोई मनुष्य पूर्वजन्म में जैसे कार्य करता है, विधाता उसका वैसा ही भाग्य लिख देता है। उसी के अनुरूप उसकी बुद्धि भी होती है।"

राजा की समझ में माधव की बात आ गई लेकिन दरबारीगण अपनी बात पर अड़े रहे। माधव की बात को सिद्ध करने हेतु राजा ने एक युक्ति सोची—उन्होंने जंगल में एक महल बनवाकर उसमें कुछ गूँगी-बहरी दाइयाँ रखवा दीं। उन्होंने समय आने पर उस महल में अपना, महामंत्री का, नगर कोतवाल का तथा एक ब्राह्मण का नवजात शिशु रखवा दिया। बच्चों का लालन-पालन गूँगी-बहरी दाइयों की देख-रेख में होने लगा।

बारह वर्ष बाद सभी बालकों को दरबार में लाया गया।

"कहो पुत्र! कैसे हो?" राजा ने अपने ही पुत्र से प्रश्न किया।

"आपकी कृपा से सब कुशल है पिताश्री।"

यह सुनकर राजा ने प्रसन्न होकर माधव की ओर देखा तो वह कहने लगा, "ये इसके पूर्व जन्म के कर्म ही बोल रहे हैं राजन्!"

इसके बाद महामंत्री के पुत्र को बुलाकर वैसा ही प्रश्न किया गया तो वह कहने लगा, "यह दुनिया नश्वर है महाराज! यहाँ जो आता है उसे जाना भी पड़ता है, फिर कुशलता कैसी?" राजा ने

माधव की ओर देखा तो उसने अपनी बात दोहरा दी। नगर कोतवाल के पुत्र ने पूछे जाने पर कहा, "कुशल कैसे हो सकते हैं महाराज। चोरी तो चोर करते हैं तथा बदनाम हम होते हैं।"

जब ब्राह्मण पुत्र से वही प्रश्न किया गया तो वह कहने लगा, "राजन्! दिन-पर-दिन मनुष्य की आयु घटती जाती है, कुशलता का प्रश्न कहाँ उठता है?"

इस साक्षात्कार से भी जब दरबारी कुछ न समझ सके तो राजा ने स्पष्ट करते हुए कहा, "ये सभी बालक अलग-अलग परिवार के हैं, इन्हें गूँगी-बहरी दाइयों ने पाला है तथा महल में इन्हें कोई भी सिखाने वाला न था। पूर्व जन्म के कर्मों के फल से जिस परिवार में जन्मे, वैसी ही बुद्धि विकसित हुई। राजकुल में जन्मा शिशु राजपुत्र होने के कारण पूर्णत: निश्चिंत था, अत: कहा कि आपकी कृपा से सब कुशल है। मंत्री-पुत्र में मंत्री के संस्कार आए, अत: उसने तर्कपूर्ण उत्तर दिया। कोतवाल के शिशु ने कोतवाल के संस्कार जैसा तथा ब्राह्मण पुत्र ने ब्राह्मण भाषा वाला विचार प्रस्तुत किया। इससे सिद्ध होता है कि माधव का कथन सत्य था।"

सभी उपस्थित दरबारियों ने यह बात प्रमाण रूप में पाकर राजा की बात मान ली। राजा विक्रमादित्य ने प्रसन्न होकर माधव को ढेरों पुरुष्कार दिया।

कथा समाप्त करके पुतली ने कहा, "राजा भोज! बताओ क्या कभी तुमने भी किसी कला पारखी को पुरुष्कृत किया? क्या तुमने कभी गुणी व्यक्तियों की बात ध्यान से सुनकर सत्य की कसौटी पर कसी? क्या कभी सप्रमाण वाद-विवाद किया?"

पुतली के प्रश्न पर राजा भोज निरुत्तर होकर लौट गए। पुतली भी सिंहासन में समा गई। अगले दिन जैसे ही राजा भोज सिंहासन के सामने पहुँचे, तेईसवीं पुतली धर्मवती ने आगे बढ़कर उनका मार्ग रोक लिया तथा कहने लगी।

□

तेईसवीं पुतली

धर्मवती की कथा

राजा विक्रमादित्य के दरबार में एक बार यह बहस छिड़ गई कि मनुष्य का मान-सम्मान उसके कुल से होना चाहिए अथवा कर्म से। कुछ विद्वानों का मत था कि मनुष्य का सम्मान उसके कुल से होना चाहिए क्योंकि अच्छे कुल में जन्म लेना, पूर्व जन्मों के अच्छे संस्कारों का फल होता है, इसलिए जिस व्यक्ति को पूर्व जन्मों से अच्छे संस्कार प्राप्त होते हैं, उसका अच्छा होना आवश्यक है।

लेकिन कुछ विद्वानों की राय थी कि किसी भी व्यक्ति का सम्मान कर्म से होना चाहिए। अक्सर अच्छे कुल में जन्मे लोग भी अत्याचारी, पापी अथवा दुराचारी हो जाते हैं।

प्रथम पक्ष वाले कहने लगे, "नहीं, ऐसा हरगिज नहीं हो सकता, सर्पों के लिपटे होने पर भी चंदन का वृक्ष अपनी सुगंध एवं शीतलता को नहीं छोड़ता।"

दूसरे पक्ष ने इसका प्रतिवाद किया, "पशु-पक्षियों एवं जीव-जंतुओं को मानव-श्रेणी से पृथक् ही रखना चाहिए। क्योंकि परमात्मा ने मानव को अलग से बुद्धि का गुण प्रदान किया है।"

राजा विक्रमादित्य ने उनकी बहस से कोई ठोस समाधान न होते देखकर कहा, "क्यों न इस विचार का हल प्रत्यक्ष करके देखा जाए?"

राजा की बात से सभी सहमत हो गए। राजा विक्रमादित्य कुछ सोचते हुए शिकारियों को एक शेर का बच्चा पकड़कर लाने का आदेश दिया। राजा के आदेश पर शिकारी शेर का बच्चा पकड़ लाए। वह शेर का बच्चा एक गड़रिए को सौंप दिया गया ताकि इसे बकरियों के साथ चराने ले जाया जाए। गड़रिया उस शेर के बच्चे को राजा की अमानत मानकर भली-भाँति उसकी देखभाल करने लगा।

शेर का बच्चा बहुत छोटा था, अतः उसे बकरियों के दूध पर ही पाला गया। कुछ दिनों के बाद राजा ने गड़रिए से उसकी कुशल-क्षेम पूछी तो उसने उत्तर दिया, "वह सकुशल है महाराज! अब वह शावक न रहकर बड़ा हो गया है। अधिक उछल-कूद करने लगा है।"

"अभी उसने दूध पीना छोड़ा या नहीं?"

"यद्यपि वह बकरियों के बच्चों के समान बड़ा हो रहा है, फिर भी उसने दूध पीना नहीं छोड़ा है। घास चरती बकरियों के साथ वह स्वयं भी चरना चाहता है। उसका मन पत्ते खाने को ललचाता है, लेकिन अपने स्वभाव के कारण वह दो-चार पत्तों में मुँह मारकर ही रह जाता है, बेचारे को विवश होकर दूध ही पीना होता है।"

राजा ने उसे सिंह के बच्चे के खान-पान संबंधी कुछ खास निर्देश दिए तो वह कहने लगा, "राजन्! वह मांसाहारी पशु है, यदि आपका हुक्म हो तो उसे मांस का भक्षण करा दिया जाए?"

"नहीं, उसे हम शुद्ध शाकाहारी बनाना चाहते हैं।"

"जैसी आपकी आज्ञा महाराज!" यह कहकर गड़रिया चला गया।

गड़रिया सिंह के बच्चे को शाकाहार पर चलते देखता तो उसे दुःख होता, लेकिन वह कह कुछ न सकता था क्योंकि राजा की आज्ञा का पालन होना भी बेहद जरूरी था।

गड़रिया इस बात पर विस्मित होता कि चरती हुई बकरियों के साथ उसकी मुख मुद्रा भी ऐसी हो जाती मानो वह भी चर रहा हो, कभी भी वह झुंड से न बिछुड़ता। जैसे ही रेवड़ हाँका जाता, शेर का बच्चा भी उसके साथ हँकता हुआ गर्दन झुकाए घर की ओर चल देता। उसे भी बकरियों के साथ बाड़े में बंद कर दिया जाता।

कुछ दिन और गुजर जाने के बाद राजा ने दरबारियों को उस मैदान में ले जाकर दिखाया, जहाँ गड़रिया बकरियों के साथ शेर के बच्चे को भी चरा रहा था। सैनिकों ने उसके संकेत पर कटघरे में बंद करके लाए गए सिंह को कुछ दूरी पर छोड़ दिया।

आजादी महसूस करते ही सिंह ने एक लंबी दहाड़ मारी तथा बकरियों को देखकर उनकी ओर छलाँग लगाई। शेर की दहाड़ पर बकरियों के साथ उनके साथ पलने वाला शेर का बच्चा दुम दबाकर

झुंड में भागने लगा।

यह देखकर सभी दरबारी दिल खोलकर हँसने लगे।

राजा ने उन्हें समझाया, "देखो, किसी भी योग्य पिता का पुत्र तब तक योग्य नहीं हो सकता, जब तक उसका पालन-पोषण भी वैसा ही न हो। मनुष्य के स्वभाव एवं गुणों पर वातावरण का प्रभाव जरूर पड़ता है। शेर का बच्चा बकरियों के झुंड में पलकर खुद भी बकरी जैसा हो गया है। वह भूल चुका है कि वह बकरी न होकर शेर का बच्चा है।"

उसी समय राजा ने शेर के बच्चे को बकरियों से अलग कराकर वन में अकेला छुड़वा दिया। उसे सैनिकों की देख-देख में रखा गया। एक-दो दिन बाद पता चला कि उसने भूख लगते ही एक खरगोश का शिकार किया और खाया। उसे एक बार मांस का चस्का लगा तो वह मांसभक्षी बनकर तेजी से शिकार करने लगा। अब उसे दूध पीने को दिया गया तो वह उसे सूंघकर पीछे हट गया। कुछ दिन बाद उसे फिर शेर के पास छोड़ दिया गया। इस बार वह शेर से डरा नहीं, बल्कि शेर के साथ पूरी ताकत से दहाड़ने लगा। यह देखकर राजा ने दरबारियों से कहा, "उसको बकरियों के वातावरण से हटा देने का यह प्रभाव था। जब सिंह को सिंह के अनुकूल वातावरण एवं भोजन दिया गया तो उसने सिंह का वास्तविक स्वभाव स्वीकार कर लिया।

तुम इस बात पर ध्यान दो कि स्वतंत्र वातावरण पाने के उपरांत उसे किसने शिकार करना सिखाया? उसकी जन्मजात मूल प्रवृत्ति ने ही उसे ऐसा करने को बाध्य किया। उसे दहाड़ना भी किसी ने नहीं सिखाया, क्योंकि उसमें मूल प्रवृत्ति विद्यमान थी, अतः बिना सिखाए ही उसने सीख लिया।

इससे यह सिद्ध होता है कि अच्छे कुल वाले मनुष्य में अपने कुल का प्राकृतिक गुण विद्यमान रहता है, लेकिन प्रतिकूल वातावरण मिलने पर वह अपने प्राकृतिक गुणों से भटक जाता है।

किसी भी व्यक्ति का सम्मान उसके कर्म से ही होना चाहिए। अच्छे कुल में जन्म लेने वाला बिना अच्छे कर्म के उसी प्रकार सम्मान का अधिकारी नहीं होता जैसे कि बकरियों के साथ दुम दबाकर भागने वाला शेर का बच्चा कहलाने का अधिकारी नहीं रह गया था।"

यह सुनकर सभी वाह-वाह कर उठे। लेकिन एक मंत्री ऐसा भी था, जिसने कहा, "महाराज! कोई व्यक्ति राजकुल में उत्पन्न हुआ, अतः राजा बन गया, भला इसमें कर्म का क्या महत्त्व रहा? कोई व्यक्ति सात जन्म भी कर्म करे, लेकिन राजकुल में जन्म लिए बिना राजा नहीं बन सकता।" राजा मुस्करा उठे।

उनके दरबार में एक दिन एक मल्लाह अद्‌भुत सुंदर लाल पुष्प लेकर उपस्थित हुआ, वह पुष्प राजा को उपहारस्वरूप देते हुए कहने लगा, "मैंने एक विलक्षण पुष्प कभी नहीं देखा।" वह लाल पुष्प किसी लाल (रत्न) की भाँति दमक रहा था। उसके बारे में दरबारियों की भी ऐसी ही राय थी।

राजा ने मुस्कराते हुए उस पुष्प के पाए जाने वाले स्थान के विषय में जानकारी चाही। नाविक ने उन्हें बताया कि उसने उसे नदी की धारा में बहते हुए उठाया था। राजा ने मल्लाह को पुरुष्कृत किया और वहीं रोक लिया।

राजा ने वह पुष्प उस मंत्री की ओर बढ़ाया जो कर्म में विश्वास नहीं रखता था। राजा ने मंत्री को उस पुष्प के खिलने के स्थान की जानकारी हासिल करने को कहा। राजा की आज्ञा पाते ही वह नाविक को साथ लेकर खोज में निकल पड़ा।

वे दोनों नदी की विपरीत धारा में सफर करने लगे, उन्हें ऐसे ही कुछ पुष्प पानी में तैरते मिले। उनसे ही मार्गदर्शन पाते वे आगे बढ़े। बहुत दूर जाने पर नदी की धारा दो संकरी पहाड़ियों के मध्य से गुजरी तो उन्हें नाव से उतर जाना पड़ा। नाव को किनारे लगाकर वे आगे बढ़े तो एक अद्‌भुत दृश्य दिखाई दिया—एक योगी का शरीर जंजीरों में जकड़ा वृक्ष पर उल्टा लटका हुआ था। उसके जख्मों से टपकती रक्त की बूँदें पानी में गिरते ही सुंदर पुष्प बन जाती थीं। वहाँ कुछ फासले पर बैठे कुछ संन्यासी अखंड साधना में लीन हैं।

उस अद्‌भुत दृश्य को देखकर मंत्री वापस लौटा और उसने राजा को सारा हाल कह सुनाया। राजा ने सारा हाल सुनकर इस रहस्य का उद्‌घाटन करते हुए कहा, "तुमने पेड़ पर जंजीर में लटके जिस योगी को देखा वह मैं था, तथा जो योगी अखंड साधना में लीन देखे वे मेरे बीस दरबारी थे। जो तुमने देखा वह मेरे पूर्व जन्म का कर्म था। कोई भी मनुष्य सिर्फ राजा का पुत्र होने से ही राजा नहीं बन सकता।

इंसान के कर्म ही उसे राजा बनाते हैं।

राजा के वचन सुनते ही मंत्री को अपनी बात का स्मरण हो आया। वह अत्यंत लज्जित हुआ लेकिन राजा उस पर कुपित न होकर प्रसन्न थे।"

कथा समाप्त करके पुतली ने कहा, "राजा भोज तुमने पूरी कथा ध्यानपूर्वक सुनी, अब स्वविवेक से निर्णय करके बताओ कि क्या तुम्हारे भीतर राजा विक्रमादित्य जैसी नीति निपुणता है? क्या तुम तर्क-वितर्क के द्वारा लोगों को संतुष्ट करने की क्षमता रखते हो? क्या तुमने कभी किसी को उसके प्रयासों से खुश होकर ढेरों स्वर्ण मुद्राएँ पुरुष्कार में दीं?

यदि मेरे प्रश्नों का उत्तर हाँ में है तो मैं तुम्हें इसी समय सिंहासन पर बैठने के लिए आमंत्रित करती हूँ, यदि नहीं तो इसी समय इस पर बैठने का इरादा मन से निकाल दो।"

राजा भोज के पास पुतली की बातों का कोई उत्तर नहीं था। वह शर्म से गर्दन झुकाए अपने शयनकक्ष की ओर चले गए। उनके जाते ही पुतली भी सिंहासन के उसी हिस्से में जाकर समा गई, जिससे कि वह प्रकट हुई थी।

अगले ही दिन राजा भोज ने फिर शुभमुहूर्त में सिंहासन की ओर कदम बढ़ाना चाहा, लेकिन तभी चौबीसवीं पुतली करुणावती सिंहासन के विशेष स्थान से प्रकट हुई और राजा के सामने आ खड़ी हुई। उसने राजा भोज को हाथ के संकेत से रोका और उसका विरोध करते हुए कहने लगी।

□

चौबीसवीं पुतली

करुणावती की कथा

प्रजावत्सल राजा विक्रमादित्य अपनी प्रजा के दु:खों को दूर करने के लिए हमेशा तैयार रहते थे। उनके राज्य में सभी सुखी-संपन्न थे, किसी को कोई कष्ट न था। फिर भी वे अपनी प्रजा का हाल जानने के लिए रात्रि में वेश बदलकर नगर के किसी-न-किसी भाग का भ्रमण अवश्य करते थे। अगर उन्हें कोई भी दुखी-दरिद्र या परेशान व्यक्ति दिखाई देता तो वे उसकी समस्या का उसी समय समाधान कर देते थे।

राजा जब एक रात्रि घूमते हुए एक सेठ की हवेली के पीछे पहुँचे तो उन्हें कमंद की मोटी रस्सी लटकी दिखाई पड़ी। उसे देखकर राजा को संदेह हो गया कि अवश्य ही इसके सहारे कोई चोर ऊपर गया होगा।

अपनी शंका का निवारण करने के लिए राजा भी कमंद के सहारे हवेली की ऊपरी मंजिल पर जा पहुँचे। वहाँ पहुँचकर उन्हें कोई नारी स्वर सुनाई दिया। उन्हें अचंभा हुआ कि क्या चोरी करने वाली कोई स्त्री है? उन्होंने भीतर से आती आवाजों पर ध्यान दिया तो पता चला कि कोई स्त्री एवं पुरुष वार्तालाप करने में मग्न हैं।

स्त्री पुरुष से कह रही थी, "प्यार-मौहब्बत का खेल हम बहुत खेल चुके, अब तुम वह कार्य करके दिखाओ, जिसकी मैं तुमसे उम्मीद रखती हूँ। इस समय मेरा पति शयनकक्ष में पड़ा खर्राटे ले रहा है, उसे जाकर मौत की नींद सुला दो। मैंने उसे मदिरापान के द्वारा इस कदर नशे में धुत कर दिया है कि उसके अंग-प्रत्यंग को भी काट डालोगे तो भी वह न जागेगा।"

उस व्यक्ति ने काँपते हुए स्वर में कहा, "नहीं-नहीं, तुम मुझे समझने में भूल कर रही हो। यह सही है कि मैं तुम्हारा प्रेमी हूँ,

लेकिन तुम्हारे प्यार में अँधा होकर कातिल नहीं बन सकता। यदि तुम आजीवन मेरा साथ निभाना चाहती हो तो मैं तुम्हें अपने साथ लेकर कहीं भी दूर जाकर रह सकता हूँ, लेकिन किसी की हत्या जैसा महापाप मुझसे न हो पाएगा।"

"तुम यदि यह कार्य करने से डरते हो तो मैं इस कार्य को अंजाम दूँगी।" स्त्री ने निर्भीकतापूर्वक कहा।

राजा उन दोनों का वार्तालाप सुनकर यह जान गए कि वह स्त्री सेठ की पत्नी है। स्त्री ने अपने प्रेमी को समझाते हुए कहा, "मैं जानती हूँ कि तुम्हारे साथ कहीं भी भाग जाने पर हमारा समय बहुत सुख-चैन से बीतेगा, आज यह कार्य नहीं हो पाएगा। कल इसी समय आ जाना। मैं घर की कीमती वस्तुएँ और जेवरात बाँधकर रख लूँगी। इस सबमें चौबीस घंटे का समय तो लग ही जाएगा। प्रियतम् मुझ पर भरोसा रखना, तुम्हारी खुशी के लिए मैं कुछ भी करने को तैयार हूँ।"

वह स्त्री यह कहते हुए उस युवक के बाहुपाश में समा गई। कुछ समय बाद वे अपनी सामान्य अवस्था में लौट आए। राजा यह सब देखकर चोर के नीचे आने से पहले ही ऊपर से कमंद के सहारे नीचे उतर आया। नीचे उतरकर चोर का इंतजार करने लगा।

जैसे ही चोर कमंद की सहायता से नीचे उतरा, राजा ने तलवार खींच ली और कहने लगे, "खबरदार! तुम्हें मालूम होना चाहिए कि इस समय तुम यहाँ के राजा की तलवार की धार के नीचे हो, अगर कोई भी गुस्ताखी की तो गर्दन कलम होने में देर नहीं लगेगी।"

राजा ने उसे कमंद थमाई और कहने लगा, "इसे स्वयं ही अपनी गर्दन व कमर में बाँधो तथा मेरे साथ चलो।"

चोर ने राजा की आज्ञा का पालन किया और राजा के साथ चल पड़ा। राजा ने उससे राजदंड देने की बात कही और सब कुछ सच-सच बताने को कहा। चोर ने अपने दोनों हाथ जोड़े और गिड़गिड़ाते हुए बोला, "महाराज! मैं आपसे सब कुछ सच-सच बताने को तैयार हूँ। मेरा नाम शीलदास है, मैं आपके राज्य का ही नागरिक हूँ। मैं तथा भानुप्रिया, जो सेठ की पत्नी है, बाल्यावस्था से ही एक दूसरे को चाहने लगे थे।

मेरे पिता एक धनवान व्यक्ति थे, दुर्भाग्यवश उनको व्यापार में

घाटा हो गया। समुद्री डाकुओं ने उनका एक जहाज लूट लिया था। इस सदमे के कारण उनकी मौत हो गई। मेरे मन में उन समुद्री डाकुओं से बदला लेने की भावना जागृत हो गई। मैं घर से निकलकर समुद्री डाकुओं के गिरोह में शामिल हो गया। कुछ समय बाद ही मैं अपने दुश्मनों का सफाया करने में कामयाब हो गया। मैं उनके पास से मिला काफी धन लेकर लौट आया। वहाँ से लौटने के बाद मुझे मालूम हुआ कि भानुप्रिया का किसी सेठ से विवाह हो गया था, लेकिन वह उनके साथ खुश नहीं थी। हम दोनों एक दूसरे के प्रेम में व्याकुल हो उठे। जब भानुप्रिया ससुराल से लौटी तो वह चोरी से मुझसे मिली।

मैंने उससे कहा कि उसे मेरे वापस आने तक उसे धैर्यपूर्वक प्रतीक्षा करनी चाहिए। मैंने उसे उस धन-दौलत के बारे में भी बताया जो मैंने समुद्री डाकुओं को मारकर हासिल की थी। उसने मुझसे कहा कि यदि उसे नौलखा हार लाकर पहना दूँ तो वह मुझे धन-दौलत वाला सच्चा प्रेमी मान सकती है। अगले रोज जब मैं उसके लिए नौलखा हार लेकर गया तो वह निर्धारित स्थान पर न मिली। वह अपनी ससुराल जा चुकी थी।

उसके बाद मैंने यहाँ आने की योजना बनाई। मैंने कमंद के सहारे ऊपर पहुँचकर उसको नौलखा हार पहनाया, मगर वह मेरे साथ चलने को राजी नहीं हुई। मैं उससे हर रात मिलने आने लगा। आज उसने मेरे समक्ष अपने पति की हत्या करने का प्रस्ताव भी रखा, लेकिन मैं किसी निर्दोष की हत्या करने के पक्ष में नहीं था। उसने मुझे कल फिर बुलाया है ताकि पति की दौलत को समेटकर मेरे साथ भाग चले। मैं यह सब नहीं चाहता, लेकिन वह स्त्री अपनी जिद पर अड़ी हुई है।

यह सुनकर राजा कहने लगे, "शीलदास मुझे प्रसन्नता है कि तुमने सत्य बोला। लेकिन बहुत शर्म की बात है कि तुम एक बेवफा नारी के मोहपाश में जकड़े हुए हो। जो औरत अपने ब्याहता पति की नहीं हो सकी, वह तुम्हारे प्रति वफादार कैसे होगी? जो तुमसे प्रेम करने के बाद भी धैर्यपूर्वक तुम्हारी प्रतीक्षा न कर सकी, जो नौलखा हार पाकर भी तुम्हारे साथ रहने को तैयार नहीं है, उससे तुम वफादारी की उम्मीद कैसे कर पाओगे? वह तो तुमसे अपने पति की

हत्या कराकर तुम्हें हत्या के अपराध में फँसवा भी सकती है।"

राजा की बातें सुनकर शीलदास विनम्रतापूर्वक क्षमायाचना करने लगा। उसे अपनी भूल का अहसास हो चुका था। उसे क्षमा दान देते हुए राजा ने कहा, "मैं तुम्हें राजदंड से मुक्त करता हूँ क्योंकि तुमने समुद्री डाकुओं का सफाया करके बहादुरी का कार्य किया है। अतः मैं पुरस्कारस्वरूप तुम्हें अपनी फौज में सम्मानित पद प्रदान करता हूँ। अब मेरे साथ राजमहल चलो, भानुप्रिया को मैं कल स्वयं जाकर देखूँगा।"

आधी रात के करीब राजा शीलदास का वेश धारण कर भानुप्रिया की हवेली पर पहुँच गए। अपने प्रेमी को आया जानकर भानुप्रिया ने धन एवं आभूषणों से भरी एक गठरी सावधानीपूर्वक नीचे फेंकी और स्वयं भी कमंद के सहारे उतरकर नीचे आ गई।

भानुप्रिया ने गठरी अपने प्रेमी को थमाते हुए कहा, "जो कार्य तुम नहीं करना चाहते थे, अपने पति को विषपान कराकर वह भी मैंने पूरा कर दिया है। इस गठरी में लाखों स्वर्णमुद्राओं के बराबर कीमती आभूषण हैं, अब जहाँ भी चाहो मुझे ले चलो। मैं हमेशा के लिए तुम्हारी हूँ। हमारे रास्ते का काँटा भी दूर हो चुका है। अब तुम्हें मेरे लिए तरसना नहीं पड़ेगा।"

अपने प्रेमी को बोलते न देख भानुप्रिया को कुछ संदेह हो गया। उसने भावावेश में आकर उसकी दाढ़ी-मूँछें नोंच डालीं। उसके स्थान पर किसी अन्य को पाकर वह जोर से चीखी, "बचाओ...बचाओ... डाकू...इसने मेरे पति को जहर देकर मार डाला है तथा धन लूटकर भाग रहा है...इसे पकड़ो।"

राजा त्रियाचरित्र को भली-भाँति जानता था, इसलिए वह पहले ही नगर कोतवाल एवं सिपाहियों को एक ओर छिपाकर आया था। किसी स्त्री का शोर सुनते ही वे दौड़े चले आए। राजा का संकेत पाते ही उन्होंने भानुप्रिया को गिरफ्तार कर लिया।

भानुप्रिया को वास्तविकता का पता चलते ही अपने पास मौजूद शीशी का विष पीकर आत्महत्या कर ली।

कथा समाप्त कर करुणावती कुछ पलों के लिए रुकी। फिर कुछ सोचते हुए बोली, "राजा भोज! अब मुझे स्वविवेक से निर्णय करके यह बताओ कि क्या कभी तुमने भी राजा विक्रमादित्य की

भाँति प्रजा के दु:खों को जानने के लिए अर्द्धरात्रि में अपनी नगरी का भ्रमण किया है? क्या तुमने किसी बहादुर की बहादुरी से प्रसन्न होकर उसे अपनी फौज मे उच्चपद प्रदान किया है? यदि तुमने भी ऐसा कोई प्रजापालन का कार्य किया है, तो मैं तुम्हें इस सिंहासन पर बैठने के लिए आमंत्रित करती हूँ, और यदि नहीं किया तो इस पर बैठने का विचार अपने मन से निकाल दो। इससे दूर रहने में ही तुम्हारा व प्रजा का कल्याण है।"

पुतली की बात सुनकर राजा भोज निरुत्तर हो गया क्योंकि उसमें एक भी गुण ऐसा नहीं था, जिसकी समता राजा विक्रमादित्य के गुणों से की जा सके।

इस बार वे दरबार में बड़े उत्साह व आशा के साथ पधारे थे, लेकिन उन्हें बड़ी निराशा के साथ लौटना पड़ा। इसके अलावा उनके पास और कोई चारा भी न था।

राजा भोज के जाते ही पुतली भी सिंहासन के उस हिस्से में जाकर समा गई जहाँ से वह प्रकट हुई थी।

अपने शयनकक्ष में पहुँचकर भी राजा को चैन न मिला। वे सारी रात इसी विषय में सोचते रहे कि किस प्रकार उस दिव्य सिंहासन पर बैठा जाए। अगले दिन उन्होंने शुभमुहूर्त में सिंहासन पर बैठने का पुन: प्रयास किया लेकिन अभी वे सिंहासन से कुछ ही कदम दूर थे कि पच्चीसवीं पुतली जयलक्ष्मी उनके मार्ग में आ खड़ी हुई। उसने उन्हें कदम पीछे हटाने का संकेत किया और उनका जबर्दस्त विरोध करती हुई कहने लगी।

□

पच्चीसवीं पुतली

जयलक्ष्मी की कथा

किसी समय राजा विक्रमादित्य के राज्य में एक भाट एवं एक ब्राह्मण अत्यंत निर्धनता के साथ जीवन-यापन कर रहे थे। वे अपने दु:ख-दर्द को अपने तक ही सीमित रखते थे, उन्हें अपनी आजीविका से जो कुछ भी मिल जाता, उसी से संतुष्ट हो जाते।

लोगों को हँसाना व उनका मनोरंजन करना भाट का पुश्तैनी धंधा था। उनका गुणगान करने से जो भी मिलता, खर्च कर देता, अगले दिन फिर उसकी जेब खाली होती।

भाट के परिवार में पति-पत्नी के अलावा एक बेटी भी थी। शुरू-शुरू में तो पत्नी ने कुछ न सोचा, लेकिन जब उसकी बेटी सयानी हो गई तो उसके विवाह की चिंता सताने लगी।

"समय आने पर सभी कार्य होंगे। तुम्हें मालूम होना चाहिए कि पुत्र या पुत्री होना अपने हाथ में नहीं है, सब भगवान की मर्जी से होता है। जिसने घर में बेटी दी है वह उसके विवाह की भी व्यवस्था अवश्य कराएगा, उस भगवान पर भरोसा रखो।"

भाट की पत्नी यह सुनकर बुरी तरह खीझ उठी, उसे लगा कि पति पर उसकी बातों का कोई प्रभाव नहीं होगा।

उधर ब्राह्मण परिवार का भी यही हाल था। बेटी की शादी को लेकर पति-पत्नी दोनों में कहा-सुनी होती। पत्नी प्रतिदिन कहती कि बेटी सयानी हो गई है, उसके विवाह की फिक्र करो ब्राह्मण भगवान पर भरोसा रखने की बात कहकर पल्ला झाड़ लेता।

"स्वामी! क्या भगवान के भरोसे बैठने से बेटी के हाथ पीले हो जाएँगे" ब्राह्मणी ने कहा।

"मुझे तो उसी पर भरोसा है, यजमानों से तो मैं बीसियों बार संकेत कर चुका हूँ कि वे बेटी के विवाह में कुछ योगदान करें परंतु

मेरी बात पर कोई ध्यान नहीं देता।"

"अब संकेतों से काम नहीं चलेगा स्वामी, जैसे भी हो, धन की व्यवस्था कीजिए।"

उधर, जब भाट सोकर उठा तो उसकी पत्नी ने उसे फिर उकसाया कि वह बेटी के विवाह के लिए धन जुटाकर लाए। इस बार वह अपनी पत्नी की बात मानकर चल पड़ा। उसने कई राज्यों में जाकर दानी-सेठ साहूकारों तथा राज्याधिकारियों से मदद प्राप्त की। विवाह के लिए धन जुटाकर वह लौट रहा था कि मार्ग में उसे कुछ लुटेरों ने लूट लिया। वह अपनी जान बचाकर किसी तरह घर लौटा।

पत्नी के पूछने पर भाट ने अपनी आपबीती सुना डाली। वह कहने लगा, "मैं तो पहले ही कहता था भाग्यवान कि प्रभु की इच्छा के बिना कुछ भी होने वाला नहीं है। मनुष्य का कर्म पर तो अधिकार है मगर फल उस परमात्मा के आधीन है। अगर हमारा भाग्य प्रबल होता तो वह धन सुरक्षित घर आ जाता।"

"तुम तो अब भी ईश्वर पर इस तरह आँख मूँदकर भरोसा कर रहे हो। मानो वह राजा विक्रमादित्य के रूप में तुम्हारी मदद करने आएगा।"

"यदि प्रभु को मंजूर हुआ तो यह भी हो सकता है।" भाट ने पूरे विश्वास के साथ कहा।

जिस समय भाट दंपत्ति में वार्तालाप चल रहा था, राजा विक्रमादित्य उनके द्वार पर ही खड़े सुन रहे थे। क्योंकि राजा का यह दैनिक कार्यक्रम था कि वे वेश बदलकर अपने राज्य के किसी-न-किसी भाग का भ्रमण करते थे। राजा ने सोचा-इस भाट का ईश्वर पर इतना अटल विश्वास है कि मार्ग में लुट-पिटकर भी प्रभु इच्छा का नाम दे रहा है। पत्नी की तानाशाही पर भी वह कितने विश्वास के साथ प्रभु इच्छा की बात दोहरा रहा है।

राजा मुस्कराते हुए आगे बढ़े और ब्राह्मण के द्वार पर जा पहुँचे। वहाँ ब्राह्मणी को कहते सुना, "स्वामी! अब तो एक ही उपाय है कि अपने महाराजाधिराज के दरबार में जाओ और उनसे कन्यादान हेतु धन माँगो, इसी में हमारा हित है।"

"शायद तुम ठीक कहती हो भाग्यवान!"

उन दोनों का यह वार्तालाप सुनकर राजा अपने महल को लौट गए। दूसरे दिन उन्होंने अपने सैनिकों को भेजकर कहलवाया कि भाट एवं ब्राह्मण दोनों ही आकर अपनी-अपनी कन्याओं के विवाह हेतु धन ले जाएँ। सूचना पाते ही दोनों दरबार में उपस्थित हुए। दोनों ने विनम्रतापूर्वक राजा का अभिवादन किया।

उन्हें देखते ही राजा ने मंत्री से कहा, "मंत्री जी भाट को तुम अपनी कन्या की शादी जितना धन दे दो।"

भाट ने यह सुनकर कहा, "महाराज मैं चाहता हूँ कि यह धन आप मुझे अपने हाथों से दें, मैं आपकी कृपा चाहता हूँ।"

पहले तो राजा ने उसे समझाया कि मंत्री के हाथों से ही ले लो, लेकिन जब वह नहीं माना तो राजा ने उसे दस लाख स्वर्णमुद्राएँ दे डालीं। इसके बाद ब्राह्मण की बारी आई।

राजा ने कहा, "ब्राह्मण को उसकी कन्या के विवाह हेतु दान दे दो।"

मंत्री ने ब्राह्मण को कुल सौ मुद्राएँ देकर विदा कर दिया। उन दोनों के जाने के बाद राजा से इस पक्षपात का कारण पूछा गया तो राजा कहने लगे, "सुनो! भाट पूर्णतः भगवान पर आस्था रखता था, वह मेरे आसरे न होकर पूरी तरह भगवान के आसरे था, इसलिए ईश्वरीय मदद राजकीय मदद से अधिक होनी चाहिए, जबकि ब्राह्मण कुलीन वंश का था, वह भगवान के भरोसे न रहकर पूर्णतः मेरे आसरे था। इसलिए मैंने उसे उतना ही धन दिया जितना कि किसी ब्राह्मण की कन्या की शादी में लगता है।"

राजा विक्रमादित्य को जब यह पता चला कि भाट ने सारा धन ईमानदारी से अपनी बेटी के विवाह में खर्च कर दिया है तो उन्होंने उसकी ईमानदारी से खुश होकर कई गाँव ईनाम में दे दिए।"

कथा समाप्त करके पुतली कुछ समय के लिए रुकी। उसके बाद कहने लगी, "अब तुम पूरी कथा ध्यानपूर्वक सुन चुके हो राजा भोज! अब स्वविवेक ये यह निर्णय करके बताओ कि क्या कभी तुमने भी प्रजा के दुःखों को जानने एवं निवारण करने हेतु रात्रि में अपने सुख-चैन को त्यागकर अपनी नगरी का भ्रमण किया है? क्या कभी तुमने किसी निर्धन के दुःखों को समझकर उन्हें कोई मदद प्रदान की है? क्या कभी तुमने किसी की ईमानदारी से खुश होकर उसे वैसा

पुरस्कार प्रदान किया है जैसा कि राजा विक्रमादित्य ने भाट को दिया था? क्या कभी तुमने अपने दरबारियों की जिज्ञासा को उस प्रकार शांत किया है जैसे कि राजा विक्रमादित्य ने किया है?

यदि मेरे प्रश्नों का उत्तर हाँ में है तो मैं तुम्हें इस दिव्य सिंहासन पर बैठने हेतु आमंत्रित करती हूँ, यदि नहीं तो इसी समय अपने शयनकक्ष को लौट जाओ।"

राजा भोज के पास पुतली की बात का कोई उत्तर न था, इसलिए वे लज्जित होकर लौट चले। उनके जाने के बाद पुतली भी दिव्य सिंहासन में समा गई।

□

छब्बीसवीं पुतली

मृगनयनी की कथा

एक बार एक युवक को पकड़कर रात्रि के समय लाया गया। सैनिकों ने उसे चोरी के संदेह में गिरफ्तार किया था। काफी सारा धन भी उसके पास से बरामद किया गया था।

जब राजदरबार में उससे पूछताछ की गई तो उसने बताया कि वह किसी धनी महिला का नौकर है। वह स्त्री उस पर इस कदर आसक्त थी कि वह अपने पति की हत्या करके सारा धन लेकर उसके साथ भाग जाना चाहती है।

इस बात की सत्यता का पता लगाने हेतु राजा ने सैनिकों को भेजा। सैनिकों ने आकर बताया कि उस कुलटा नारी को किस प्रकार अपने प्रेमी के गिरफ्तार होने की सूचना मिल चुकी है। तलवार से अपने पति की हत्या करने के बाद वह विलाप करती हुई लोगों की सहानुभूति पा रही है। उसने सबसे यही कहा कि लुटेरों ने उसके पति की हत्या कर डाली और सारा धन लेकर भाग गए। वह अब अपने पति के साथ ही सती होकर रहेगी।

इस घटना को सुनकर राजा के मुख से अनायास ही निकल पड़ा–

"*त्रियाचरित्र न जाने कोय, पति को मार के सती होए*"

राजा ने उस युवक को जेल भेजने के बजाए दरबार में ही रोक लिया। दूसरे दिन राजा को पता चला कि वह स्त्री अपने पति के साथ चिता में सती होने के लिए तैयार बैठी है। उसे देखने के लिए राजा उस युवक तथा बरामद हुए धन को साथ लेकर श्मशान भूमि में जा पहुँचे।

अभी चिता में अग्नि नहीं दी गई थी। राजा ने उस स्त्री को संबोधित करते हुए कहा, "इस युवक एवं धन को पहचानो। यह

युवक इस धन के साथ पकड़ा गया है। इसने तुम्हारे बारे में सब कुछ बता दिया है, इसलिए त्रियाचरित्र छोड़कर चिता से नीचे उतर जाओ।"

स्त्री ने राजा को पहचान लिया। वह साहस बटोरकर नीचे उतरी और कहने लगी, "राजन् मेरे त्रियाचरित्र पर उँगली बाद में उठाना, पहले अपने महल में जाकर देखो कि छोटी रानी क्या गुल खिला रही है।"

यह कहते हुए स्त्री ने श्मशान के चौकीदार के हाथों से जलती लकड़ी छीनकर चिता को आग लगा दी। जैसे ही चिता की अग्नि प्रचंड हुई उसने उसमें कूदकर अपनी जान दे दी।

यह सब पलक झपकते ही हो गया कि उसे बचाया भी न जा सका। अंत में राजा विक्रमादित्य अपने महल को लौट आए। महल में जाकर वे अपनी छोटी रानी की निगरानी करने लगे। उसी रात उन्होंने देखा कि आधी रात के करीब छोटी रानी राजा को सोया हुआ जान, सज-संवर कर महल के गुप्त मार्ग से निकली। राजा ने उसका दबे पाँव पीछा किया। रानी चलती हुई जंगल में एक योगी की कुटिया में दाखिल हो गई। उस समय योगी धूनी रमाए हुए था। उसे देखते ही योगी उठा और कुटिया में पहुँचा। दोनों के पीछे-पीछे राजा भी ज़ा पहुँचा। जब राजा ने छुपकर भीतर का आपत्तिजनक दृश्य देखा तो उसका खून खौल उठा। उन्हें अपनी प्रिय रानी से ऐसी वेबफाई की तो ख्वाब में भी आशा नहीं थी।

अपने क्रोध को बेकाबू पाकर वे कुटिया में घुसे और तलवार निकालकर दोनों को मौत के घाट उतार दिया। इसके बाद वे अपने महल को लौट गए।

इस घटना से उन्हें काफी ठेस पहुँची। वे वैरागियों जैसा आचरण करने लगे। उन्होंने सोचा कि शायद उनके धर्म-कर्म में कोई कमी रह गई है, तभी उन्हें ऐसा दृश्य देखने को मिला। उन्होंने राज्य अपने मंत्रियों को सौंप दिया और समुद्र तट पर जाकर घोर साधना करने का निश्चय किया।

उन्होंने एक पैर पर खड़े रहकर समुद्रदेव का आह्वान किया, समुद्रदेव ने प्रसन्न होकर उन्हें दर्शन दिए। राजा ने प्रार्थना की, "समुद्र देव मैं आपके तट पर कुटिया बनाकर अखंड साधना करना चाहता

हूँ, मुझे आशीर्वाद प्रदान करें कि मेरे साधना कार्य में किसी प्रकार का व्यवधान उत्पन्न न हो सके।"

"मेरा आशीर्वाद एवं शुभकामनाएँ सदैव तुम्हारे साथ रहेंगी। लो यह शंख रख लो, इसके बजते ही समस्त दैवीय विपत्तियाँ दूर भाग जाएँगी।"

राजा विक्रमादित्य ने समुद्रदेव का उपहार स्वीकार किया तथा उन्हें धन्यवाद देकर तट पर लौट आए। एक छोटी-सी कुटिया बनाकर वह साधना में लीन हो गए।

राजा विक्रमादित्य की अखंड साधना को देखकर इंद्रदेव का सिंहासन डोल उठा। उन्होंने सोचा यदि राजा विक्रमादित्य की साधना यूँ ही चलती रही तो एक दिन उनका सिंहासन भी छिन सकता है। अन्य देवगण भी ऐसी ही शंका व्यक्त करने लगे।

देवराज इंद्र ने मेघों को आदेश दिया कि वे जाकर राजा विक्रमादित्य की साधना को भंग कर दें। देवराज इंद्र का आदेश पाते ही मेघ घनघोर वर्षा करने लगे मगर समुद्रदेव के आशीर्वाद से सारा जल समुद्र में समा गया, कोई दिक्कत उत्पन्न न हो सकी।

अगली बार पवनदेव को साधना भंग करने के लिए भेजा गया। आँधी-तूफान ने उनकी कुटिया को उड़ा दिया, लेकिन जब उन्होंने शंख बजाया तो आँधी-तूफान एमदम रुक गया।

देवराज इंद्र ने इसके बाद अनुपम सुंदरी तिलोत्तमा को राजा का तप भंग करने भेजा। उनका आदेश पाकर तिलोत्तमा ने अपने मनमोहक नृत्य एवं गायन से उनका तप भंग करना चाहा। जैसे ही राजा ने शंख बजाया तिलोत्तमा भीषण अग्नि की लपटों में झुलसने लगी। वह सिर पर पैर रखकर वहाँ से भागी तथा जाकर इंद्रदेव से सारा हाल कह सुनाया।

अंततः राजा इंद्र ने स्वयं उनके सामने जाने का निश्चय किया। वे साधु वेश में प्रकट हुए व कहने लगे, "दानवीर विक्रमादित्य! ब्राह्मण को दान दो।"

"क्या लेना चाहोगे ब्राह्मण?"

"अपनी साधना का सारा फल मुझे दे दो।"

राजा ने अपनी साधना का सब फल ब्राह्मण को दे दिया। देवराज इंद्र प्रकट होकर बोले, "दानवीर विक्रमादित्य! मैं तुम्हारी उदारता एवं

दानशीलता से प्रसन्न हूँ। तुमने इस साधना का सारा फल देकर मुझे भयमुक्त कर दिया।"

मैं तुम्हें आशीर्वाद देता हूँ कि तुम्हें मानसिक शांति प्राप्त हो। तुम्हारे राज्य में कभी भी अतिवृष्टि या अनावृष्टि न होगी तथा कभी भी अकाल न पड़ेगा। इस प्रकार राजा विक्रमादित्य को आशीर्वाद देकर देवराज इंद्र अंतर्ध्यान हो गए। इसके बाद राजा अपने महल को लौट गए।

कथा सुनाकर पुतली ने पलभर के लिए मौन साधा और फिर कहने लगी, "राजा भोज! अगर तुमने इस कथा को पूरे ध्यान से सुना है तो बताओ कि क्या कभी तुमने भी अपनी मानसिक शांति को प्राप्त करने के लिए ऐसा तप किया है, जिससे समुद्रदेव ने प्रसन्न होकर कोई उपहार दिया हो अथवा जिससे प्रभावित होकर देवराज इंद्र का सिंहासन भी डोल उठा हो? क्या तुम्हें भी कभी देवराज इंद्र का साक्षात्कार एवं आशीर्वाद प्राप्त हुआ? यदि मेरे प्रश्नों का उत्तर हाँ में है तो तुम इस सिंहासन पर बैठ जाओ और यदि नहीं तो इस पर बैठने का विचार त्याग दो। इसी में तुम्हारा व प्रजा का हित निहित है।"

राजा भोज के पास पुतली के सवालों का कोई उत्तर न था। क्योंकि जब उन्होंने खुद को टटोलकर देखा तो उन्हें अपने भीतर वैसा एक भी गुण नजर न आया।

राजा भोज को यह बात जंच चुकी थी कि इस बार जिद करने का भी कोई लाभ न होगा, अतः वे किंर्त्तव्यविमूढ़ होकर पुतली के बोलने की प्रतीक्षा करने लगे। राजा भोज के मनोभावों को समझकर मलयवती ने राजा को इस प्रकार समझाना शुरू किया।

□

सत्ताईसवीं पुतली

मलयवती की कथा

महाराजा विक्रमादित्य जितने निपुण शस्त्रों को चलाने में थे, उतनी ही रुचि उन्हें शास्त्रों के प्रति भी थी। उन्होंने अपने दरबार में एक विशाल पुस्तकालय भी बनवाया हुआ था। इसमें अनेक विषयों के ग्रंथ रखे थे। जब भी उन्हें राजकार्य से समय मिलता, वे उनका अध्ययन करने हेतु पुस्तकालय में जा पहुँचते थे।

एक बार उन्होंने एक धार्मिक ग्रंथ में राजा बलि के विषय में पढ़ा। राजा बलि भक्तराज प्रहलाद के पौत्र थे। राजा बलि अपने वचन का पक्का एवं परम दानी था। देवता भी उसकी शक्ति से आतंकित रहते थे।

देवताओं की प्रार्थना पर भगवान विष्णु ने वामन रूप धारण करके उसे छल से सत्ताविहीन करके पाताललोक में भिजवा दिया था।

राजा विक्रमादित्य विश्व के ज्ञानी-दानी लोगों में से एक थे, उन्हें अहंकार तो छू भी न सका था। वे दुनिया के अन्य महापुरुषों एवं दानियों के चरित्र पढ़ते थे तथा उनके जैसा ही महान बनने का प्रयास करते थे।

बलि की कथा पढ़कर उन्होंने सोचा कि वास्तव में दैत्यराज बलि महान हैं। अपने वचन को निभाने हेतु अपना स्र्वस्व दान कर देने वाले इस राजा की दानशीलता की कोई समता नहीं है। निश्चय ही ऐसे महापुरुष के दर्शन का सौभाग्य प्राप्त होना चाहिए।

उनके मन में विचार आया यदि भगवान विष्णु की साधना करके पाताल जाने का मार्ग मालूम किया जाए तो धर्म व कर्म दोनों ही सुधरेंगे।

अपने विचार को साकार करने के लिए उन्होंने राज्य का भार

मंत्रियों पर सौंपा और स्वयं वनों में जाकर विष्णु भगवान की साधना में लीन हो गए। शुरू में तो उन्होंने एक समय भोजन किया, फिर कंदमूल का सेवन करके साधना की, उसके बाद वे सिर्फ जल पीकर ही साधना करने लगे। यह साधना काफी लंबे समय तक चली।

उनके पास ही कुछ अन्य तपस्वी भी आकर तप करने लगे। कोई एक पैर पर तप कर रहा था, तो कोई एक हाथ उठाकर तप करता था, कोई गर्दन तक बालू में धँसकर तप करता तो कोई काँटों पर लेटकर घोर तपस्या करता था।

वह स्थान एक तपोस्थल बन चुका था, चारों ओर औंकार की गूँज हो रही थी। कुछ सयम बाद राजा निर्जल तप करने लगे। जिसके परिणामस्वरूप वे अत्यंत दुर्बल हो गए।

उनकी केवल दो ही इच्छाएँ थीं–या तो भगवान विष्णु का साक्षात्कार हो या फिर विष्णु भगवान का नाम जपते हुए प्राण त्याग दें। राजा विक्रमादित्य तप करते हुए इतने कमजोर हो गए थे कि उन्हें पहचानना भी आसान न था।

उनके समीप ही तप करने वाले एक योगी ने अपने योग बल से उनका परिचय जान लिया और कहने लगे, "महाराज! आप इतना कठोर तप क्यों कर रहे हैं? यह राजाओं को शोभा नहीं देता।"

"मैं अपना परलोक सुधारने के लिए ही यह कठोर तप कर रहा हूँ।"

"परमात्मा ने तो तुम्हें राज्य करने के लिए भेजा है, यदि तुम तप करने लगे तो कर्म से विमुख हो जाओगे। जबकि मनुष्य को कर्म से विमुख नहीं होना चाहिए।"

"कर्म बंधन में घिरकर यदि धर्म को भुला दिया तो अगले जन्म में दुःखों को भोगना होगा। परमात्मा यह तो नहीं कहता कि कर्म बंधन में फँसकर धर्म को बिलकुल ही भुला दो।" राजा ने उत्तर दिया।

राजा का तर्कपूर्ण उत्तर सुनकर तपस्वी मौन हो गया। राजा विक्रमादित्य ने अपना तप निर्जल एवं निराहार भी जारी रखा। एक दिन अत्यंत कमजोर होने के कारण राजा बेहोश होकर गिर पड़े। होश में आने पर उस तपस्वी ने एक बार फिर राजा को समझाया कि वह इतना कठोर तप न करें। उसने यह भी कहा कि राजा के लिए साधना

उतनी महत्त्वपूर्ण नहीं जितना कि कर्म। कर्म के द्वारा भी परलोक सुधारा जा सकता है।

राजा ने कहा ऐसा करने से मन की शांति नहीं मिल पाएगी। अतः मैं तो साधना में ही रुचि रखता हूँ। यह कहते हुए राजा विक्रमादित्य पुनः कठोर साधना में लीन हो गए।

राजा अत्यंत्र कृषकाय हो जाने के कारण फिर मूर्च्छित हो गए। इस बार जब उन्हें होश आया तो देखा कि उनका सिर भगवान विष्णु की जंघा पर है। राजा को दो बार कठोर तप से रोकने वाला साधक अब उनके समक्ष विष्णु भगवान के रूप में था। उन्हें देखते ही राजा ने दंडवत् प्रणाम किया तथा कहने लगे, "प्रभु! आपका दर्शन करके मैं कृतार्थ हो गया।"

"मेरा आशीर्वाद व शुभकामनाएँ सदैव तुम्हारे साथ रहेंगी, यदि तुम्हें और कुछ माँगना है तो माँगो।"

"प्रभु! मुझे दैत्यराज बलि के दर्शनों का सौभाग्य प्रदान कीजिए। मैंने उनके तप एवं दान की बहुत चर्चा सुनी है।"

विष्णु जी ने राजा विक्रमादित्य की हार्दिक इच्छा को जानकर उन्हें एक शंख प्रदान किया और कहने लगे, "समुद्र तट पर जाकर इसे फूँकना, फलस्वरूप सागर देवता तुम्हारे लिए स्वयं ही मार्ग छोड़ देंगे। सागर से उत्पन्न हुए भूमि-पथ से तुम पाताललोक तक जा सकते हो। वहीं दैत्यराज बलि का भव्य महल है। वापसी में भी तुम्हें ऐसा ही करना होगा।"

शंख लेकर राजा ने भगवान विष्णु को दंडवत् प्रणाम किया। राजा को आशीर्वाद देकर विष्णु जी अंतर्ध्यान हो गए।

राजा विक्रमादित्य ने समुद्र तट पर पहुँचकर, शंख बजाया ही था कि लहरों ने मार्ग प्रदान कर दिया। वे उसी मार्ग से लगभग हवा में तैरते हुए से पाताललोक की ओर बढ़ चले। जब राजा बलि के महल के मुख्यद्वार पर विक्रमादित्य पहुँचे तो पता चला कि दैत्यराज बलि के दर्शन शिवरात्रि से पूर्व हो पाना असंभव है।

जब बहुत अनुनय-विनय करने के बाद भी उन्हें महल में प्रवेश न मिल सका तो उन्होंने क्षुब्ध होकर अपनी ही तलवार से अपनी गर्दन काट डाली। जैसे ही यह सूचना बलि तक पहुँची उन्होंने सेवकों से अमृत छिड़कवाकर राजा को जीवित कर दिया। राजा ने पुनः महल

में प्रविष्ट होना चाहा। अनुमति न मिलने पर उसने फिर से अपनी गर्दन काट डाली। इस प्रकार राजा के द्वारा गर्दन काटने तथा बलि द्वारा जीवनदान देने की कई बार पुनरावृत्ति हुई। अंत में दैत्यराज बलि ने उन्हें महल में प्रवेश की अनुमति दे दी। राजा दैत्यराज के महल में दाखिल हुए।

दैत्यराज बलि ने पूछा, "मैं अभी तक यह नहीं समझ सका विक्रमादित्य कि तुम जैसे चक्रवर्ती राजा को इतना कष्ट उठाकर यहाँ तक आने की क्या आवश्यकता थी?"

राजा विक्रमादित्य ने कहा, "दैत्यराज! धार्मिक ग्रंथों में मैंने आपके विषय में बहुत कुछ पढ़ा था। तभी से आपके दर्शनों का अभिलाषी बना हुआ था, आपके दर्शन हो गए, इसके लिए मैं आपका आभारी हूँ।"

राजा के व्यवहार से दैत्यराज अति प्रसन्न हुए। वे उन्हें एक मूँगा प्रदान करते हुए बोले, "यह रक्त वर्ण का मूँगा मेरी ओर से उपहार है, इससे जो भी इच्छा प्रकट करोगे, तत्काल पूर्ण होगी।"

राजा विक्रमादित्य ने मूँगा ग्रहण कर दैत्यराज बलि को साष्टांग प्रणाम किया तथा अपने महल को लौट गए। मार्ग में उन्हें एक स्त्री अपने पति की लाश पर विलाप करती हुई मिली। राजा ने उस स्त्री को धीरज बँधाया और मूँगे की सहायता से उसके पति को पुनः जीवन प्रदान किया। दोनों पति-पत्नी राजा को आशीष देते हुए अपने निवास स्थान को लौट गए। राजा विक्रमादित्य भी अपने महल को लौट गए।

कथा सुनाने के बाद पुतली बोली, "राजा भोज! मैं समझती हूँ कि इस कथा को सुनकर तुम भली-भाँति यह जान चुके होंगे कि विक्रमादित्य कैसे गुणों से विभूषित थे। अब यह बताओ कि क्या तुममें भी ग्रंथों के प्रति उतना ही मोह है जितना कि राजा विक्रमादित्य में था? क्या तुमने कभी विष्णु भगवान को प्रसन्न करने के लिए कठोर साधना की? क्या कभी तुम्हें किसी देवता ने प्रसन्न होकर दिव्य उपहार दिया? क्या तुमने कभी पाताललोक की यात्रा की? क्या तुमने किसी की जान बचाने का प्रयास किया? यदि मेरे प्रश्नों का उत्तर हाँ में है तो मैं इसी समय तुम्हें इस दिव्य सिंहासन पर बैठने को आमंत्रित करती हूँ और यदि नहीं, तो तुम्हें इसका मोह हमेशा के

लिए छोड़ना होगा।"

राजा भोज पुतली की बात पर निरुत्तर हो गए क्योंकि उनके पास पुतली की बात का कोई ठोस उत्तर न था।

वे सोच रहे थे कि ये पुतलियाँ कहीं मनोबल गिराने की नीयत से तो राजा विक्रमादित्य के गुणों की इतनी प्रशंसा नहीं करतीं, हो सकता है ये मुझे डराने के उद्देश्य से ही ऐसा करती हों। लेकिन इतना सोचने के बावजूद भी राजा भोज में इतना साहस नहीं था कि वे पिछले दिन की तरह धृष्टता कर सकें।

राजा भोज पुतली के सामने विन्रतापूर्वक सिर झुकाए खड़े रहे। वे अपने मुख से कुछ न कह सके। लेकिन उनका सिंहासन के प्रति मोह पुतली से न छिप सका था। वह राजा भोज का विरोध करते हुए बोली।

□

अट्ठाईसवीं पुतली

वैदेही की कथा

राजा भोज के मन में उत्पन्न श्रद्धा को देखकर वैदेही ने कथा सुनानी शुरू की–

"एक रात महाराजा विक्रमादित्य ने एक अद्‌भुत स्वप्न देखा। वे किसी भव्य स्वर्ण महल में चहलकदमी कर रहे हैं। महल की सोने की दीवारों पर बेशकीमती रत्न एवं मणि-माणिक्य जड़े हुए हैं।

स्वर्ण महल के चारों ओर सुंदर एवं मनोहारी बगीचे शोभायमान हैं। महल में से निकलने वाला तीव्र प्रकाश पुंज चारों दिशाओं को प्रकाशित कर रहा है।

स्वर्ण महल के एक कक्ष से संगीत की मधुर स्वर-लहरियाँ निकलकर उनके कानों में मिश्री घोलती प्रतीत हो रही हैं। राजा विक्रमादित्य सपने में उस महल में घूमते हुए थोड़ा आगे बढ़ते हैं जहाँ एक योगी उन्हें समाधि लगाए बैठा दिखाई देता है। उस योगी के चेहरे से एक अलौकिक तेज प्रस्फुटित हो रहा है। उन्हें उस योगी की सूरत अपनी शक्ल से बहुत कुछ मिलती-जुलती लगी।

उसी समय उनका स्वप्न भंग हो गया और वे उठकर सपने पर विचार करने लगे। उन्होंने राजज्योतिषी से स्वप्न के बारे में चर्चा की, उसने बताया, "महाराज, ऐसा भव्य महल पृथ्वीलोक पर तो नहीं हो सकता, निश्चय ही यह देवराज इंद्र का महल होना चाहिए। उस महल में तो प्रवेश भी वही पा सकेगा जो ईश्वर का परम भक्त हो।"

दूसरे ब्राह्मण ने कहा, "ऐसे महल में प्रवेश वही पा सकता है जो पुण्य के दो कार्य करे।"

राजा यह सुनते ही विचारमग्न हो गया। उसने सोचा कि उसे प्रजापालन के कार्यों के कारण भगवान का नाम जपने का समय ही कहाँ मिलता है?

राजा को असमंजस में पड़ा देखकर महामंत्री कहने लगा, "मैं आपके चिंतन का आशय समझ रहा हूँ महाराज! आप इन पुरोहित को अपने साथ ले जा सकते हैं। आप उनके साथ रहने पर पुण्य के भागीदार बन सकते हैं।

महामंत्री की बात मानकर राजा राजपुरोहित को साथ लेकर यात्रा पर निकल पड़े। वह महल दिखाई देने तक दोनों को यात्रा करते रहना था तथा मार्ग में पुण्य के दो कार्य भी करने जरूरी थे। इस समय विक्रमादित्य किसी राजा के भेष में न होकर एक सामान्य नागरिक के भेष में थे।

रात होने पर वे एक मकान में ठहर गए जहाँ पडौस के मकान से किसी वृद्धा के रोने की आवाज सुनाई पड़ी। राजा चौंककर उठ बैठा।

राजा ने उस वृद्धा के पास जाकर पूछा, "क्या बात है माँ जी?"

"मेरा जवान बेटा अभी तक जंगल से नहीं लौटा, मैं इस चिंता में घुली जा रही हूँ कि कहीं उस पर जंगली जानवरों ने हमला तो नहीं कर दिया।"

राजा ने जब उससे लड़के के जंगल में जाने का कारण पूछा तो उसने बताया कि वह जंगल से लकड़ियाँ काटकर ही परिवार का गुजारा करता है। वह मेरी बुढ़ापे की लाठी है। मैं तो उसका पता नहीं लगा सकती, कोई भी उसका पता लगाने को तैयार नहीं है।"

"अब रोना-धोना बंद करो माँ जी। मैं अभी जाकर उसका पता लगाता हूँ।"

वृद्धा को आश्वस्त करके राजा उसी समय वृद्धा के पुत्र की खोज में चल दिया। जंगल में जाकर उसने देखा कि उसका बेटा शेर से भयभीत होकर एक वृक्ष पर चढ़ा बैठा है। राजा ने शेर को वहाँ से भगाया तथा वृद्धा के पुत्र को नीचे उतार लिया। तथा वापस आकर बुढ़िया को सौंप दिया।

बुढ़िया का आशीर्वाद प्राप्त कर राजा विक्रमादित्य राजपुरोहित के साथ आगे बढ़ गया। चलते-चलते वे अगले दिन समुद्र तट पर जा पहुँचे। वहाँ उन्हें एक यौवना के सिसकने की आवाज सुनाई पड़ी।

उन्होंने देखा कि सामने एक व्यापारिक जलयान खड़ा था। कर्मचारीगण जहाज पर सामान लाद रहे थे। राजा ने यौवना से रोने-सिसकने का कारण पूछा तो वह कहने लगी, "जो जहाज तुम

खड़ा देख रहे हो, उसी में मेरा पति नौकरी करता है। कुछ ही देर बाद जहाज रवाना होने वाला है। मैंने रात ही एक बुरा सपना देखा है।"

"क्या देखा है तुमने सपने में? राजा ने उत्सुकतापूर्वक पूछा।

"मैंने सपने में देखा है कि यही जहाज एक भयंकर तूफान में डूब गया है, मेरा पति भी इस पर यात्रा कर रहा था। जहाज का कोई भी कर्मचारी जिंदा नहीं बचा।"

"सपने तो सपने होते हैं, तुम्हें इस प्रकार घबराना नहीं चाहिए।"

"अभी मेरा विवाह हुए तीन माह ही हुए हैं। मैं गर्भवती हूँ, डरती हूँ कि यदि मेरा सपना सच हो गया तो मेरा व मेरे बच्चे का क्या होगा? मैंने पति को रोकना चाहा लेकिन वह नहीं माना। उसे नौकरी छूट जाने का भय लगा हुआ था। जब तक वह नौकरी से सकुशल नहीं लौटता, मुझे आँसू ही बहाने होंगे।"

राजा ने उस यौवना को धीरज बँधाया और अपनी झोली से समुद्र देवता वाला शंख निकालकर उस यौवना की ओर बढ़ा दिया।

शंक देखकर वह बोली, "इसका मैं क्या करूँगी?"

"जब तक यह शंख तुम्हारे पति के पास रहेगा, उसे हर मुसीबत से दूर रखेगा।"

यह सुनते ही यौवना ने शंख ले लिया तथा उसे आश्चर्य से देखने लगी।

राजा ने उसकी भावना को भाँपते हुए कहा, "यह समुद्रदेव का दिया हुआ दिव्य शंख है। इसके बजाने से बड़े-बड़े तूफान भी खत्म हो जाते हैं।"

यह कहते हुए राजा ने शंख फूँक दिया। अगले ही पल समुद्र की लहरें सिमटने लगीं। दूर-दूर तक रेत-ही-रेत नजर आने लगा। वह जहाज भी रेत में खड़ा नजर आने लगा। लोग आश्चर्य से यह चमत्कार देखने लगे। राजा ने दोबारा शंख बजाया तो लहरें वापिस लौट आईं। अब जहाज पानी पर तैरने लगा।

राजा ने कहा, "यह शंख अपने पति को दे देना। इसके द्वारा उसकी यात्रा सकुशल बीतेगी।"

उस स्त्री ने वह शंख अपने पति को दे दिया। वह राजा विक्रमादित्य के प्रति कृतज्ञता दर्शाने लगी। जैसे ही राजा विक्रमादित्य थोड़ा आगे बढ़े, आकाश में बादल गरजने लगे। बादलों के मध्य

बिजली कौंधने लगी। बिजली की चमक में राजा ने देखा कि एक श्वेत रंग का सुंदर घोड़ा आकाश से नीचे की ओर उतरता चला आ रहा है। जमीन पर आते ही वह राजा विक्रमादित्य के पास खड़ा होकर हिनहिनाने लगा। एक दिव्यवाणी सुनाई पड़ी–

"राजा विक्रमादित्य! अपनी यात्रा के दौरान तुमने दो पुण्य के कार्य किए। एक तो तुमने वृद्धा स्त्री से उसका पुत्र मिलाया, दूसरे पति की जुदाई से आशंकित नारी को शंका रहित कर दिया। भला तुमसे बढ़कर और कौन धर्म-कर्म करने वाला होगा, जिसने समुद्रदेव से प्राप्त कीमती उपहार को केवल एक मनुष्य की शंका दूर करने के लिए दे दिया। तुम्हारी परोपकारिता से प्रसन्न होकर ही मैंने तुम्हारे वाहन हेतु अपना अश्व भेज दिया है। इसकी सवारी करो, शीघ्र ही यह तुम्हें इंद्रलोक पहुँचा देगा।"

"मैं अकेला कैसे आऊँ देवराज? मेरे साथ राजपुरोहित भी तो हैं।"

आकाशवाणी से उत्तर मिलने से पूर्व ही राजपुरोहित कहने लगा, "राजन् आप तो व्यर्थ ही मेरी चिंता करते हैं, यदि मरने के बाद ही स्वर्ग मिलता है तो मैं उसे ही अपना सौभाग्य मानूँगा। मुझे सशरीर स्वर्ग की यात्रा करते काफी भय लगेगा।"

राजपुरोहित के वचनों को सुनकर राजा विक्रमादित्य इंद्र के घोड़े की ओर बढ़ गए। उनके सवार होते ही घोड़ा सरपट दौड़ने लगा।

घने जंगलों से बाहर आते ही घोड़ा जोर से हिनहिनाया तथा अगले ही पल उन्मुक्त गगन में उड़ने लगा। राजा उसकी लगाम थामे सावधानी के साथ सवारी करते रहे।

घोड़ा राजा को इंद्रपुरी लेकर पहुँचा, उन्हें वहाँ एक भव्य महल दिखाई दिया जो उन्होंने सपने में देखा था। वहाँ का पूरा वातावरण ही अलौकिक था। आसपास की शोभा तो देखते ही बनती थी। वहाँ देवी-देवता, गंधर्व, अप्सराएँ, किन्नर सभी उपस्थित थे। यहाँ की एक-एक वस्तु एवं दृश्य सराहनीय एवं दर्शनीय थे।

जब राजा देवराज इंद्र के दरबार में पहुँचे तो वहाँ की शोभा अद्‌भुत थी। रंगमंच पर अप्सराएँ अपना मनमोहन नृत्य प्रस्तुत कर रही थीं। इंद्राणी के साथ देवराज इंद्र अपने दिव्य सिंहासन पर शोभायमान थे। इंद्रपुरी के वासियों की नजर जैसे ही राजा विक्रमादित्य पर पड़ी, उनके आश्चर्य की सीमा न रही। वे सभी यह सोचने लगे कि एक

सशरीर मानव यहाँ कैसे आ पहुँचा।

विक्रमादित्य के स्वागत में देवराज इंद्र अपना सिंहासन छोड़कर उठ खड़े हुए। उनसे गले मिलने के बाद उन्हें अपने सिंहासन की ओर ले जाने लगे।

"आसन ग्रहण करो राजा विक्रमादित्य!" इंद्रदेव ने कहा।

विक्रमादित्य ने कहा, "देवराज! मैं अभी इस योग्य नहीं हुआ, यदि मैं इस पर बैठता हूँ तो मेरा पुण्य क्षीण हो जाएगा। अभी मैं आपकी समता नहीं कर सकता।"

देवराज इंद्र प्रसन्न होकर बोले, "राजन्! मैं आपकी परीक्षा लेना चाहता था, उसमें तुम सफल उतरे हो। इस सिंहासन पर भले ही तुम्हारा स्थान न हो लेकिन इंद्र के महल में अवश्य है। आपने स्वप्न में एक योगी को तप करते देखा होगा, वह कोई और न होकर आप ही थे विक्रमादित्य!" यह कहते हुए देवराज इंद्र ने राजा को एक सुंदर मुकुट भेंट किया। विक्रमादित्य देवराज से मुकुट प्राप्त कर इंद्रलोक की सैर करके वापस आ गए।

कथा समाप्त करके पुतली कुछ पल के लिए मौन हो गई। कुछ पल बाद वह बोली, "राजा भोज! क्या कभी तुम्हें देवराज इंद्र ने अपने सिंहासन पर बैठने हेतु आमंत्रित किया? क्या तुममें इतना त्याग एवं विनम्रता है कि देवराज इंद्र के आमंत्रित करने पर तुम सिंहासन का मोह त्याग देते?"

राजा भोज को स्वयं में एक भी गुण न मिला तो निराश होकर लौट चले।

पुतली भी सिंहासन में जाकर समा गई। अगले दिन वे सिंहासन के मोह पाश में जकड़े उपस्थित हुए तो उनतीसवीं पुतली मानवती उनके समक्ष प्रकट हुई। यह सबसे अधिक सुंदर थी। राजा भोज और सभी दरबारी उसे देखते से रह गए। उसने मुस्कराते हुए राजा भोज का ध्यान अपनी ओर आकर्षित किया और कहने लगी। □

उनतीसवीं पुतली

मानवती की कथा

एक बार विक्रमादित्य चाँदनी रात में घूमते हुए नदी किनारे जा पहुँचे। वेश बदला होने के कारण कोई भी उन्हें पहचान न सकता था। अचानक 'बचाओ...बचाओं...' की आवाज उनके कानों में पड़ी।

उन्होंने आवाज की दिशा में नजरें दौड़ाई तो एक युवक एवं युवती को नदी की तीव्र धारा में बहते देखा। वे अपनी जान बचाने की पूरी कोशिश कर रहे थे लेकिन तीव्र प्रवाह के कारण किनारे न लग पा रहे थे।

उनकी पुकार सुनते ही विक्रमादित्य ने नदी में छलाँग लगा दी तथा दोनों को बाहर निकाल लाए। राजा ने यौवना को देखा तो देखते ही रह गए। अपने रूप यौवन में वह किसी अप्सरा से कम न थी। उसका अंग-प्रत्यंग किसी साँचे में ढला हुआ प्रतीत होता था। उसके सामने राजा को अपनी रानियों का सौंदर्य भी कम लग रहा था।

राजा कुछ सोचते हुए युवक से मुखातिब हुए और उसका परिचय जानने की इच्छा व्यक्त की। युवक राजा को पहचाने बिना ही अपना-परिचय देने लगा–

"आज हम अपने परिवार के साथ नाव में सफर कर रहे थे तभी अचानक वह नाव भंवर में फँस गई। हम सभी नाव उलटते ही जल में डूबने लगे। हमारे परिवार के अन्य लोग तो अपनी जान न बचा सके, आपकी कृपा से हम दोनों जान बचाने में सफल हो गए। हमारी मदद करके आपने हम पर बड़ा उपकार किया है। आपका यह उपकार हम कभी न भुला पाएँगे।"

"तुमने आपबीती तो सुना डाली, मगर अपना परिचय भी तो दीजिए।"

"हम दोनों सारंग देश के निवासी हैं। मेरा नाम देवकान्त है तथा यह मेरी बहन है देवकान्ता।"

"आप लोग चिंता न करें। आपको सम्मानपूर्वक आपके देश पहुँचा दिया जाएगा। जब तक यहाँ रहना चाहो रह सकते हो, यहाँ आपको समुचित आतिथ्य सत्कार मिलेगा।"

कुछ देर बाद विक्रमादित्य उन्हें अपने साथ लेकर चल दिए। कुछ दूर चलने पर राजा के सिपाहियों ने आकर सादर प्रणाम किया तो देवकांत और उसकी बहन को यह पता चला कि उनकी जान बचाने वाले और कोई नहीं, बल्कि राजा विक्रमादित्य हैं। दोनों का मन राजा के प्रति अगाध श्रद्धा से भर उठा।

उन्हें राजमहल के अतिथि कक्ष में ठहरा दिया गया। यहाँ रहते हुए देवकांत को किसी प्रकार का कष्ट न था। उसे सिर्फ एक ही चिंता थी कि अब उसकी बहन देवकांता का विवाह कैसे होगा? हालाँकि कोई भी राजकुमार देवकांत से विवाह कर सकता था, लेकिन देवकांत के पास इतना धन नहीं था कि वह अपनी बहन की शादी ठाठ-बाट से कर पाता।

अचानक उसके मन में विचार आया कि क्यों न देवकांता का विवाह राजा विक्रमादित्य से कर दिया जाए। अपने मन में दृढ़ निश्चय करके उसने राजा से मिलने की अनुमति माँगी। अनुमति मिलने पर देवकांत व देवकांता राजा के समक्ष प्रस्तुत हुए।

"आपकी जय हो राजन्!"

"कहो देवकांत, कैसे आना हुआ? मैंने तो तुम्हारे जाने का पूरा प्रबंध कर दिया है।"

"अन्नदाता! मैं जाने से पूर्व आपको एक छोटा-सा उपहार देना चाहता हूँ।"

"वह क्या देवकांत?" राजा ने उत्सुकतावश पूछा।

"मेरी बहन देवकांता, आपको समर्पित है। इसे आपको सौंपकर मेरा जीवन धन्य हो जाएगा।"

"मुझे आपका यह उपहार स्वीकार है, इसे मैं राजमहल में रखूँगा लेकिन अपनी बहन के रूप में। इस नाते से यह यहाँ आजीवन निवास कर सकती है।"

राजा के इस कथन पर देवकांत मानो आकाश से गिरा। वह

आँखें फाड़े राजा को देखता रह गया। उसे इस बात पर आश्चर्य था कि किसी अप्सरा जैसी यौवना को देखकर भी राजा के मन में कोई मोह या आसक्ति उत्पन्न न हो सकी।

"आप महान है राजन्!" देवकांता ने राजा के चरणों में झुकते हुए कहा।

राजा ने कहा, "यदि राजा ही अपने चरित्र की पूँजी गँवा बैठेगा तो वह प्रजा का पालन कैसे कर पाएगा देवकांत?"

"क्षमा कीजिए महाराज! मैं अत्यंत भावुक हो गया था। एक बहन का भाई जो ठहरा, भाई होने के नाते बहन के विवाह की चिंता होना स्वाभाविक ही है।"

"तुम यह क्यों सोचते हो देवकांत कि देवकांता सिर्फ तुम्हारी ही बहन है, वह मेरी भी बहन है। मेरा भी उसके प्रति उतना ही कर्त्तव्य बनता है जितना तुम्हारा। अगर कोई योग्य युवक तुम्हारी निगाह में हो तो बताओ, इसके विवाह का दायित्व मैं खुद सँभालूँगा।"

देवकांत ने बताया कि पहले एक बार देवकांता के विवाह की बात उदयगिरि राज्य के राजकुमार उदयन के साथ चल चुकी है, लेकिन आर्थिक स्थिति से समर्थ न होने के कारण यह विवाह न हो सका।

"तुम चिंता न करो देवकांत! हम आज ही ब्राह्मणों को उदयन के पास देवकांता के विवाह का प्रस्ताव लेकर भेजते हैं।"

राजा विक्रमादित्य की बात से देवकांत सहमत हो गया। राजा ने एक ब्राह्मण को बुलाकर बहुत से धन के साथ उदयगिरि के लिए भेजा। जाते समय उसने कहा कि वह राजकुमार उदयन से कहे कि विक्रमादित्य उससे अपनी बहन का विवाह करना चाहता है। लेकिन शाम को ही पुरोहित वापस लौट आया। उसने आकर बताया कि मार्ग में उसे कुछ लुटेरों ने लूट लिया था।

यह सुनते ही राजा के क्रोध की सीमा न रही। अब उसने राजपुरोहित को कुछ अश्वरोहियों के साथ अधिक धन देकर विदा किया। इस बात पर राजा को घोर आश्चर्य था कि उनके राज्य में अचानक लुटेरों का गिरोह कैसे पनप उठा? उसी रात को राजा वेश बदलकर उस स्थान पर जा पहुँचे जहाँ कि ब्राह्मण को लूट लिया गया था।

राजा विक्रमादित्य को चार व्यक्ति एक स्थान पर बात करते

दिखाई पड़े। उनके चेहरों से ही मक्कारियाँ झलक रही थीं। राजा को यह समझते देर न लगी कि वे सभी अपराधी हैं। राजा भी उनके बीच जा पहुँचे। अपने बीच एक अजनबी को पाकर उन्होंने विक्रमादित्य को कोई गुप्तचर समझा।

"शक्ल-सूरत में तुम मुझे अजनबी कह सकते हो, लेकिन मैं भी तुम्हारा ही हमपेशा हूँ। मुझसे तुम्हें घबराने की कोई जरूरत नहीं है।" वेश बदले हुए राजा ने कहा।

"अपना परिचय दो, आखिर तुम हो कौन और कहाँ से आए हो?" उनके मुखिया ने शंकित भाव से कहा।

"मैं कोई भला आदमी नहीं हूँ। तुम्हारी तरह एक चोर ही हूँ, काफी दिनों के बाद आज ही घर से निकला हूँ।"

"तुम भले ही चोर हो, लेकिन हम चोर नहीं हैं, हम तो यहाँ के सभ्य नागरिक हैं। लोकहित के लिए ही कोई विचार-विमर्श करना चाहते हैं।" दूसरे चोर ने कहा।

"अपनी वास्तविकता को कोई भी मुझसे छुपा नहीं सकता। मैं तो किसी का भी चेहरा देखकर यह जान लेता हूँ कि उसके दिल में क्या है।"

"भले ही तुम सब कुछ जान सकते हो, लेकिन हमें उससे क्या लाभ? जाओ हमारा कीमती समय बर्बाद न करो।" तीसरे ने झल्लाते हुए कहा।

"लगता है तुम्हें आदमी की पहचान ही नहीं है। मुझे एक बार अपनी मंडली में मिलाकर तो देखो, कैसे-कैसे कामों को अंजाम देता हूँ।"

अब उनके मुखिया को यह विश्वास हो गया कि उनके सामने खड़ा व्यक्ति कोई गुप्तचर न होकर चोर ही है। उसने वेश बदले हुए राजा से कहा, "हमारे सभी साथी किसी न किसी हुनर में माहिर हैं। हम किसी भी अजनबी को तब तक अपने साथ नहीं रखते जब तक कि उसके हुनर से वाफिक न हो जाएँ।"

"ठीक है, लेकिन आप लोग भी तो अपने-अपने हुनर के बारे में बताइए, उसके बाद मैं भी बताऊँगा।"

पहला बोला, "मुझे चोरी का शुभ मुहूर्त देखना आता है, उस मुहूर्त में हम कभी खाली नहीं लौटते।"

दूसरे ने कहा, "मुझे पशु-पक्षियों की बोली समझने में कोई

दिक्कत नहीं होती।"

तीसरे ने बताया, "मेरे सिद्ध यंत्र में इतना असर है कि यदि कोई उसे बाँधे रखे तो शरीर पर मार-पीट या चोट का कोई असर नहीं होता।"

साधारण वेशधारी राजा ने कहा, "मेरे पास ऐसा हुनर है, मैं किसी भी स्थान को देखकर यह जान लेता हूँ कि धन-दौलत कहाँ छिपाई गई है।"

राजा के हुनर को सुनकर चारों बहुत प्रभावित हुए और उसे अपने गिरोह में शामिल कर लिया। राजा विक्रमादित्य उन्हें अपने महल के उस हिस्से में ले गए जहाँ कुछ दौलत रखी हुई थी। जैसे ही वे माल समेट कर चले, उन्हें पकड़ लिया गया। राजदरबार में पेश होने पर उन्होंने अपने पाँचवें साथी को राजा के रूप में पाया तो बुरी तरह काँपने लगे।

चोरों को अभयदान देते हुए राजा ने कहा, "तुम लोग गुणवान हो, सामर्थवान हो, अपने गुणों का प्रयोग समाजहित में कर सकते हो। अगर आप लोग भविष्य में अपराध न करने का वचन दें तो क्षमा दान मिल सकता है।

चारों ने क्षमा याचना की और सभ्य नागरिक बनने का वचन दिया। राजा ने उन्हें क्षमा करके अपने यहाँ फौज में नौकरी दे दी। उधर देवकांता का विवाह उदयन के साथ तय हो गया। कुछ समय बाद ही देवकांता तथा उदयन का विवाह विक्रमादित्य ने धूमधाम से संपन्न कर दिया। अपनी बहन की भाँति उसे दान-दहेज के साथ शान से विदा किया।

कथा समाप्त करके पुतली ने कहा, "बताओ राजा भोज! क्या कभी तुमने किसी की जान बचाने हेतु अपने प्राणों को संकट में डाला? यदि हाँ तो मैं तुम्हें सिंहासन पर बैठने के लिए आमंत्रित करती हूँ और नहीं तो वापस लौट जाओ।"

राजा भोज लज्जित होकर लौट गए। उनके जाते ही पुतली भी सिंहासन में विलीन हो गई।

अगले दिन जैसे ही राजा ने सिंहासनरूढ़ होने का प्रयास किया, तीसवीं पुतली ने उसका मार्ग रोक लिया व सचेत करते हुए बोली—

☐

तीसवीं पुतली

हृदयवती की कथा

महाराजा विक्रमादित्य चक्रवर्ती राजा थे, राजा होने के साथ ही एक पहुँचे हुए योगी भी थे। अपने योगबल के आधार पर ही उन्हें अपनी मृत्यु का पूर्वाभास हो गया था। जब उन्हें पता चला कि उनके पास सिर्फ छः माह की अल्पायु शेष है तो वे एक वन में कुटिया बनाकर उसमें रहने लगे।

राजपाट से जब भी उनका मन ऊबता, कुटिया में जाकर प्रभु का नाम जपने लगते। प्रभु का नाम जपने से थक जाते तो राजमहल लौट आते। इस तरह वे अपने लोक एवं परलोक दोनों को संवारने में लगे हुए थे।

राजा विक्रमादित्य जब एक दिन अपने महल को लौट रहे थे तो उन्हें एक सुंदर मृग दिखाई पड़ा। जैसे ही उन्होंने उसे मारने के लिए प्रत्यंचा खींची, उन्हें मानवीय आवाज में मृग बोलता सुनाई पड़ा, "कृपा करके मुझ मत मारिए राजन्।"

"तुम कौन हो तथा मृग होते हुए भी मानवीय भाषा में कैसे बोल रहे हो?" राजन् ने ठिठकते हुए पूछा।

"यह सब आपके दर्शनों का ही प्रताप है राजन्।"

राजा के मन की उत्सुकता को शांत करने हेतु मृग ने कहा, "राजन् कुछ समय पूर्व मैं एक राजकुमार था। शिकार करते समय मैंने जैसे ही एक शब्दभेदी बाण छोड़ा, वह एक तपस्या करते योगी के सिर पर होता हुआ वृक्ष के तने में जा घुसा। हालाँकि योगी तो बच गए थे, मगर उसकी साधना में विघ्न अवश्य पड़ा था। जब मैं उसके पास पहुँचा तो उसने मुझे मृग बन जाने का श्राप दे डाला। मेरे गिड़गिड़ाने और क्षमा याचना करने पर वह कहने लगा, "मुख से निकला शाप मिट तो नहीं सकता, लेकिन उसका प्रभाव उस समय

कम हो जाएगा, जबकि तुम्हें राजा विक्रमादित्य के दर्शन होंगे। उनके दर्शन से तेरी मानवीय वाणी लौट आएगी।"

राजा ने कहा, "अच्छा हुआ, मैं एक घोर अपराध से बच गया। लेकिन क्या तुम पूर्णतः शाप मुक्त नहीं हो सकते?"

"जरूर हो सकता हूँ, लेकिन इसके लिए आपको उस योगी से मिलना होगा राजन्!"

राजा उस योगी से मिलने को तैयार हो गया। मृग राजा को अपने साथ लेकर चल दिया। सघन वन में पहुँचकर राजा ने देखा कि एक योगी वृक्ष की डाल पर उल्टा लटका साधना कर रहा है। राजा ने जाकर प्रणाम किया तो योगी ने आँखें खोल दीं। और वह सीधा खड़ा हो गया तथा कहने लगा, "आपके दर्शन पाकर मेरा जन्म सार्थक हो गया राजन्! मैं यह साधना आपके दर्शन पाने हेतु ही कर रहा था।"

"कमाल है, लोग तो देवताओं का आशीर्वाद पाने के लिए साधना करते हैं, जबकि तुमने एक मानव का दर्शन पाने हेतु भी इतना कठोर तप किया।"

"राजन्! यह मेरी कठोर साधना का ही फल है कि आप यहाँ तक चलकर आए। मुझे देवताओं ने स्वप्न में बताया था कि महाराजा विक्रमादित्य देवों के देव हैं। देवराज इंद्र के प्रिय हैं। उनके दर्शन पाना देवराज इंद्र के दर्शन पाने के समान है। अब इस ब्राह्मण को दर्शन का पुण्य भी प्रदान कीजिए।" योगी ने उत्तर दिया।

"तो बोलो, क्या चाहिए?"

"मैं उस चमत्कारी मूँगे को चाहता हूँ जो कि आपको देवराज इंद्र से मिला है तथा जिसके प्रभाव से मुर्दा भी जीवित हो उठता है।"

"यह लीजिए योगीराज!" कहते हुए राजा ने वह माला योगी को दे दी जिसमें कि वह मूँगा पिरोया हुआ था।

योगी ने माला पाकर राजा को आशीर्वाद दिया ही था कि मृग बना राजकुमार शाप मुक्त होकर मानव रूप में आ गया। उसने राजा व योगी दोनों के चरणस्पर्श किए और दोनों से आशीर्वाद प्राप्त किया।

"राजन्! इस माला को धारण करके मैं इस बात का अहसास किया करूँगा कि इसे पहनने वाले ने साक्षात् इंद्रदेव के दर्शन किए हैं।" योगी ने माला को पहनते हुए कहा।

राजा विक्रमादित्य शाप मुक्त हुए राजकुमार के साथ अपने महल को लौट चले। एक दिन राजकुमार को अपने आतिथ्य सत्कार में रखकर विक्रमादित्य अगले दिन उसे अपने रथ पर बिठाकर उसके राज्य की ओर चल पड़े।

उसके राज्य की सीमा में पहुँचते ही रथ को चारों ओर से सशस्त्र सैनिकों ने घेर लिया। आगे बढ़कर सेनानायक ने कहा, "कौन हैं आप लोग? यहाँ किस उद्देश्य से पधारे हैं?"

मैं राजा मानसेन का पुत्र राजकुमार भंवर सेन हूँ। मैं अपने महल को जा रहा हूँ तुम मुझे किसके आदेश से रोकना चाहते हो? इसके लिए निश्चय ही तुम्हें दंडित किया जाएगा।"

"मुझे दंडित तो तभी किया जाएगा जबकि यहाँ राजा मानसेन का राज्य होगा।" सेनानायक ने हँसते हुए कहा।

"क्या मतलब?"

"मतलब साफ है, मैं राजा कपालसेन का सेनापति हूँ। इस समय यहाँ राजा कपालसेन का राज्य चलता है, तुम्हारे माता-पिता को कारावास में रखा गया है। शायद तुम आज वर्षों बाद लौटे हो इसलिए तुम्हें जानकारी नहीं है। हमने तुम्हें भी बहुत खोजा कि गिरफ्तार करके कैद में डाल दें। राजा से हमें ढेरों पुरस्कार मिलेगा। तुम्हें इसी समय गिरफ्तार किया जाता है।"

"ठहरो सेनापति।" राजा विक्रमादित्य ने कहा, "इस समय मुझे राजकुमार के दूत की हैसियत से समझो। हर जगह दूत द्वारा राजसंदेश पहुँचाने का कार्य किया जाता है। अपने राजा कपालसेन को मेरा संदेश दो कि या तो वह राजा मानसेन को सम्मानपूर्वक मुक्त करके उनके राज्य से निकल जाए, अन्यता युद्ध के लिए तैयार हो जाए।"

"युद्ध और तुम दोनों, कितनी देर ठहर पाओगे मेरे सामने?" सेनापति ने उपहास करते हुए कहा।

यह सुनते ही राजा विक्रमादित्य के क्रोध की सीमा न रही, उन्होंने फौरन तलवार खींच ली तथा सेनानायक की गर्दन कलम कर डाली। अगले ही पल सैनिकों में खलबली मच गई। सूचना पाते ही राजा कपालसेन भारी फौज के साथ उन्हें ललकारने वहाँ आ पहुँचा।

राजा विक्रमादित्य का आदेश पाते ही दोनों बेतालों ने उनके रथ

को घोड़े सहित हवा में उठा लिया। अब वह हवा में तैरता-सा प्रतीत होता था। राजा ने अदृश्य होनें वाला तिलक लगाया और रथ से कूदकर युद्ध करने लगे।

शीघ्र ही युद्धभूमि शत्रुओं की लाशों से भर गई। कपालसेन की सेना जान बचाकर भाग खड़ी हुई। तभी राजा ने अपनी तलवार कपालसेन की गर्दन से सटाते हुए चेतावनी दी, "मैं उज्जैन नरेश विक्रमादित्य तुम्हें आदेश देता हूँ कि यदि प्राणों का तनिक भी मोह है तो जान बचाकर भाग जाओ, अन्यथा प्राण दंड भोगना होगा।"

कपालसेन जानबूझकर जान गँवाने के पक्ष में न था, अत: वहाँ से भाग निकलने में ही उसने अपनी भलाई समझी। कपालसेन के जाने के बाद राजा विक्रमादित्य ने राजा मानसेन को उसकी पत्नी सहित कारावास से मुक्त कराया और राजसिंहासन पर बिठाकर उसका अपने हाथों से राजतिलक किया। राजकुमार को राजा मानसेन को सौंपकर राजा विक्रमादित्य अपने महल को लौट चले।

उसी समय उनके पास एक मृग आकर आत्मरक्षा की भीख माँगने लगा। वह पैर में चोट लगी होने के कारण दौड़ने में असमर्थ था। शेर उसके पीछे पड़ा था। राजा ने मृग की कोई मदद नहीं की। वे उसे छोड़कर आगे बढ़ गए। तभी सिंह ने घात लगाकर मृग को दबोच लिया और सघन वने में जा घुसा।

कथा समाप्त करके पुतली कुछ पलों के लिए मौन हो गई। कुछ पलों के बाद वह कहने लगी–

"एक बात बताओ राजा भोज! महाराजा विक्रमादित्य ने एक शापग्रस्त मृग बने राजकुमार को तो शाप मुक्त करा दिया, उसके लिए योगी को इंद्र से प्राप्त मूँगा भी दे डाला, उसका राजपाट दिलाने के लिए उसके शत्रुओं से घमासान युद्ध भी किया, लेकिन दूसरे मृग को बचाने के लिए उन्होंने कोई उत्साह न दिखाया। उसे शेर का भोजन बन जाने दिया। बताओ राजा भोज! ऐसा क्यों किया राजा विक्रमादित्य ने? इसका क्या कारण था?"

पुतली ने महसूस किया कि राजा भोज इस प्रश्न में उलझकर रह गए हैं तो वह कहने लगी, "बड़े शर्म की बात है राजा भोज! तुम अपने विवेक से इस मामूली-सी समस्या का समाधान भी नहीं कर सकते। सीधा-सादा उत्तर है–पहला मृग मानव था जो कि शाप के

कारण मृग बना था, उसे बचाना मानवीय धर्म बनता था, जबकि दूसरे मृग पशु था, वह सिंह का आहार था। किसी का आहार छीनना राजा धर्म विरुद्ध मानते थे।

जब तुम राजा विक्रमादित्य के कार्यों का आशय तक नहीं समझ सके तो इस सिंहासन पर बैठकर राजकीय समस्याओं से कैसे निपटोगे? तुम्हें इस पर बैठने का कोई अधिकार नहीं है। मैं कहती हूँ लौट जाओ यहाँ से।"

अब राजा भोज की हिम्मत जबाव दे चुकी थी। वह गर्दन झुकाए अपने शयनकक्ष को लौट चले। उनके जाने के बाद पुतली भी सिंहासन के उसी भाग में समा गई, जहाँ से वह राजा का विरोध करने प्रकट हुई थी।

रात-भर राजा भोज इसी विषय में दिमाग खपाते रहे कि किस प्रकार उस दिव्य सिंहासन पर बैठा जाए। लेकिन सवेरा होने तक भी कोई युक्ति हाथ न आई तो ब्राह्मणों से शुभमुहूर्त निकलवाकर सिंहासन की ओर बढ़ गए। जैसे ही उन्होंने सिंहासन का रुख किया, इकतीसवीं पुतली कौशल्या ने आगे बढ़कर उनका मार्ग रोक दिया।

कौशल्या के चेहरे पर एक आलौकिक तेज था। राजा भोज चाहकर भी उससे नजरें मिलाने का साहस न जुटा पा रहे थे।

जब राजा भोज काफी देर तक इसी उलझन में घिरे रहे तो इकतीसवीं पुतली कौशल्या मौन भंग करते हुए बोली–

□

इकत्तीसवीं पुतली

कौशल्या की कथा

मुझसे पहली पुतली से तुम यह बात जान चुके हो कि राजा विक्रमादित्य को उनकी मृत्यु का पूर्वाभास हो चुका था। राजकाज से जो भी समय बचता उसे वे धर्म कार्यों में अवश्य लगाते थे।

एक दिन अपनी कुटिया में वे साधना में लीन थे, तभी उन्होंने देखा कि सामने की पहाड़ियों पर एक प्रकाश पुंज बिखर रहा है जिससे पूरी पहाड़ी आलोकित हो उठी है। उसके बीच एक स्वर्णिम भवन अपनी छटा बिखेर रहा है।

राजा ने इस अद्‌भुत दृश्य को देखकर बेतालों को बुलाया और उन्हें पहाड़ी तक ले चलने का हुक्म दिया। बेतालों ने तत्काल उनके आदेश का पालन किया।

पहाड़ी पर पहुँचकर बोतालों ने कहा, "महाराजाधिराज! यहाँ से आगे हम नहीं जा सकेंगे। यहाँ से आगे किसी योगी का निवास है। उसने चारों ओर तंत्र का घेरा बनाया हुआ है। उसे वही तोड़ सकता है जिसने कि उस योगी से अधिक पुण्य अर्जित किए हों।"

बेतालों की बात को परखने हेतु राजा उस स्वर्णभवन की ओर बढ़ने लगा। जैसे ही राजा ने भवन के द्वार पर कदम रखा, एक बड़ा-सा आग का गोला आया और राजा के करीब ठहर गया। राजा वहीं ठिठक गया। उसी समय भीतर से आवाज आई, "आगंतुक को प्रवेश करने दो, उसके पुण्य मुझसे अधिक हैं। इसलिए वह मेरे तंत्र घेरे को भंग करके यहाँ तक आ पहुँचा है।"

आग का गोला पीछे सरकने लगा। जैसे-जैसे राजा आगे बढ़ता, आग का गोला पीछे सरकता जाता। राजा को भीतर आया देख योगी उठ खड़ा हुआ।

योगी ने तेज स्वर में कहा, "साफ-साफ बता कौन है तू? वर्ना

शाप से भस्म कर दूँगा।"

"योगीराज! मैं उज्जैन नरेश विक्रमादित्य हूँ, मुझे आपके पास तक पहुँचते समय किसी ने नहीं रोका, इसलिए मैं यहाँ तक चला आया। मुझे आपके दर्शनों की उत्कंठा थी।"

"राजा विक्रमादित्य को अपने सामने पाकर मेरा जीवन धन्य हो गया।" योगी ने प्रसन्न होते हुए कहा।

राजा का यथोचित सत्कार करने के बाद योगी ने कहा, "अब बोलो क्या चाहते हो राजन्? जो चाहो माँग सकते हो।"

"मैं यह स्वर्णिम भवन तथा इसकी सुख-सुविधाएँ माँगता हूँ।"

"यह तुम्हारा हुआ।" यह कहते हुए योगी उसी समय महल से निकलकर वनों की ओर चला गया।

काफी समय तक भटकने के बाद योगी अपने गुरु से मिला। उसे आपबीती सुनाई तो गुरु ने कहा, "किसकी बातों में आ गए वत्स! वह तो खुद इस पृथ्वी का सबसे बड़ा दानी है। उसे तेरे भवन से क्या लेना-देना? वह तो स्वयं अपनी मृत्यु का पूर्वाभास पाकर कुटिया में ईश्वर का भजन कर रहा होगा। जा उससे ब्राह्मण के रूप में जाकर अपने निवास की समस्या बता, उसके पूछते ही वह स्वर्ण भवन दान में माँग लेना।"

राजा के पास जाकर योगी ने अपने गुरु के कहे अनुसार याचना की तो राजा ने कहा, "मैंने तो तुम्हारी परीक्षा ली थी, अब तुम भी मेरी परीक्षा लेना चाहते हो योगीराज? उस स्वर्ण भवन को तो मैं उसी समय छोड़ आया था। जाओ जाकर उसमें निवास करो।"

राजा से स्वर्णभवन वापस पाकर योगी खुशी-खुशी लौट आया।

इतनी कथा सुनाकर पुतली पलभर के लिए मौन हो गई। कुछ पलों के बाद फिर कहने लगी, "राजा को भी सृष्टि के अटल नियम के अनुसार चलना पड़ा, उन्होंने मानव रूप में जन्म लिया था, अत: एक दिन उन्हें भी मृत्यु का वरण करना पड़ा। अपनी जीवन लीला को त्यागकर एक दिन उन्हें परलोकवासी होना पड़ा।

उनकी मृत्यु से चारों ओर शोक का वातावरण छा गया। उनकी रानियाँ उनकी चिता पर बैठकर सती हो गईं। चिता के शांत होने पर देवलोक से पुष्पवृष्टि हुई।

उनकी मौत के बाद मंत्रिपरिषद की बैठक हुई, उसमें विचार-विमर्श

चला कि राजगद्दी पर कौन से पुत्र को बिठाया जाए। अंत में निर्णय हुआ कि राजा के ज्येष्ठ पुत्र जैतपाल को गद्दी पर बिठाया जाए। उसे ही सर्वसम्पति से राजा का उत्तराधिकारी घोषित किया गया।

जैतपाल का राजतिलक धूमधाम से किया गया। राजकीय उत्सव के दौरान जैसे ही जैतपाल सिंहासन पर बैठने लगा, उसे जोरों का चक्कर आया तथा सिंहासन से नीचे गिरते ही चेतना खो बैठा। मूर्छाकाल में ही उसने एक स्वप्न देखा। उसके पिता स्वप्न में कह रहे थे, "पुत्र इस सिंहासन पर बैठने का दु:साहस न करना। यह एक दिव्य सिंहासन है। इस पर बैठने का अधिकारी वही है जो परमगुणी हो, जिसमें देवगुण हों, जो दानशील, परोपकारी एवं दूसरों के दुःख-दर्द को समझने तथा कष्टों का निवारण करने वाला हो। अभी तुममें उन गुणों का अभाव है। अत: इस पर बैठने की कोशिश मत करना। जब तुम इस पर बैठने योग्य हो जाओगे तो मैं खुद ही स्वप्न में बता दूँगा। यदि तुम मेरे कहने के विरुद्ध आचरण करोगे तो कष्ट भोगोगे।"

इसके बाद जैतपाल की मूर्छा टूट गई।

जैतपाल ने मंत्रियों से स्वप्न की चर्चा की तो सबके अलग-अलग मत थे। एक ने कहा, "स्वप्न का क्या भरोसा? यह भ्रम भी हो सकता है।"

दूसरे ने कहा, "हो सकता है राजा ने अपने पुत्र को अनिष्ट से बचाने के लिए ही स्वप्न दिया हो।"

तीसरे ने कहा, "पता नहीं राजा के पुत्र में ही अपने पिता जैसे गुण क्यों नहीं हैं?"

मंत्रणा होने लगी कि सिंहासन का क्या किया जाए?

"इसे दान कर दिया जाए।" एक मंत्री ने राय दी।

"लेकिन इस दिव्य सिंहासन के लिए दान का उचित पात्र कहाँ मिलेगा? कोई अन्य युक्ति सोची जाए।"

"देवगण यदि ऐसा चाहते तो यह राजा विक्रमादित्य की मृत्यु के साथ ही अदृश्य हो जाता। अत: यही लगता है कि देवताओं की इच्छा इसे यहीं रखने की है।" महामंत्री बोले।

"राजन्! इस विषय में आप अपने पिताश्री से संपर्क कीजिए, वे ही कोई सही समाधान बता सकते हैं।"

"लेकिन वो तो परलोकवासी हो गए हैं। उनसे सम्पर्क कैसे हो सकता है?" जैतपाल ने कहा।

आप सच्चे मन से उनका स्मरण करके सोइए, वे अवश्य स्वप्न में दर्शन देंगे।

रात्रि में जैतपाल ने वैसा ही किया जैसा कि वयोवृद्ध मंत्री ने कहा था। रात्रि में राजा विक्रमादित्य ने अपने पुत्र को स्वप्न में दर्शन दिए, "उस सिंहासन को भूमि में गड़वा देना ही युक्तिसंगत है पुत्र! इस नगर को छोड़कर अम्बावती में अपनी नई राजधानी स्थापित करो। समय आने पर जब भी कोई सर्वगुण संपन्न राजा होगा तो वही इसका उत्तराधिकारी बनेगा।"

सवेरा होते ही राजा जैतपाल ने सर्वप्रथम इसी कार्य को अंजाम दिया। राज्य के मजदूरों को बुलाकर गहरा गड्ढा खुदवाया तथा उसमें सिंहासन को उतार दिया गया। उसके ऊपर मिट्टी डाल दी गई।

इसके बाद वे पिता की आज्ञानुसार उस नगर को छोड़कर अम्बावती चले गए तथा वहाँ राजधानी बनाकर शासन करने लगे।

कथा समाप्त करके पुतली बोली, "अब तुम्हीं बताओ राजा भोज! जब राजा विक्रमादित्य का सगा पुत्र जैतपाल भी इस सिंहासन पर न बैठ सका तो और कोई क्या बैठ पाएगा?"

यह कहते हुए पुतली सिंहासन के उसी स्थान में जाकर विलीन हो गई, जहाँ से वह प्रकट हुई थी। उसके जाने के बाद राजा भोज भी निराशापूर्वक अपने शयनकक्ष की ओर लौट चले।

इकत्तीसवीं पुतली से यह जानकर कि राजा विक्रमादित्य का पुत्र जैतपाल भी उस सिंहासन पर न बैठ सका तो राजा भोज ने निश्चय किया कि वह अब इस पर बैठने की जिद नहीं करेंगे।

राजा भोज जिद करने का परिणाम भोग चुके थे, अतः उन्होंने उस पर बैठने का विचार त्याग दिया। उसने अपने दरबारियों से परामर्श किया जिसमें निर्णय हुआ कि उस दिव्य सिंहासन को उसी स्थान पर गड़वा दिया जाए, जहाँ से उसे निकाला गया था।

अगले दिन वे शुभमुहूर्त में सिंहासन के सामने जा पहुँचे। लेकिन आज वे उस पर बैठने के लिए बेचैन नहीं थे। आज तो वे बत्तीसवीं पुतली को अपना निर्णय सुनाने गए थे।

उन्हें सिंहासन के करीब पाते ही बत्तीसवीं पुतली रानी रूपवती

प्रकट हुई। वह मुस्कराती हुई राजा भोज के सामने आ खड़ी हुई।

राजा ने भी मुस्कराते हुए कहा, "प्रतिदिन आप स्वयं अपना परिचय देती थीं, लेकिन आज मैं खुद तुमसे तुम्हारा परिचय जानना चाहता हूँ। मैं देख रहा हूँ कि आपका रूप-यौवन इस सिंहासन की अन्य सभी पुतलियों से कहीं अधिक कांतियुक्त है। क्या मैं इसका रहस्य जान सकता हूँ?"

"मैं खुश हूँ राजा भोज कि तुमने अपने दिल की बात करने का साहस तो जुटाया। यदि तुम अपनी इस इच्छा को अपने मन में ही दफन किए रहते तो मैं तुम्हें संकोची एवं कायर समझने पर विवश हो जाती।

इसके अतिरिक्त भी तुम मुझसे कुछ पूछना चाहते हो तो निःसंकोच पूछ सकते हो, मैं तुम्हारी प्रत्येक शंका का समाधान प्रस्तुत करने को तैयार हूँ।"

"आप मुझ पर अनुकंपा करना ही चाहती हैं तो अपने बारे में ही विस्तृत रूप से बताइए, आपका परिचय पाकर मैं स्वयं को धन्य समझूँगा।"

राजा भोज की उत्कंठा को परखकर पुतली कहने लगी।

□

बत्तीसवीं पुतली

रानी रूपवती की कथा

तुम्हारा कथन तथा अनुमान दोनों ही सत्य हैं राजा भोज! मैं इस दिव्य सिंहासन की बत्तीसवीं पुतली रानी रूपवती हूँ। मैं इन सभी पुतलियों की रानी हूँ।

मुझे भी आज यह देखकर आश्चर्य हो रहा है राजा भोज! कि आज तुम्हारे भीतर अन्य दिनों की भाँति न तो सिंहासन के प्रति मोह है और न ही उतावलापन। क्या इसका कारण जान सकती हूँ?"

"इस सिंहासन की पुतलियों के मुख से राजा विक्रमादित्य के धर्म-कर्म, ज्ञान-दान, शूरवीरता, परोपकार, सहिष्णुता आदि गुणों से ओत-प्रोत कथाओं को सुनकर मैं इस निष्कर्ष पर पहुँचा हूँ कि इस सिंहासन पर बैठने का अधिकारी वही व्यक्ति हो सकता है जो उनके जैसे सदगुणों से विभूषित हो।

हे रानी रूपवती! मैंने यह निर्णय किया है कि इस पर बैठने का मोह त्यागकर मैं इसे उसी स्थान पर दबवा दूँगा, जहाँ से इसे खोदकर निकाला गया था।"

राजा भोज के मुख से जैसे ही पुतलियों ने यह बात सुनी, सिंहासन में जड़ी अन्य पुतलियाँ भी रानी रूपवती से आ मिलीं। उस समय सभी के चेहरों पर प्रसन्नता के भाव थे।

रानी रूपवती ने थोड़ा आगे बढ़कर कहा–

"तुम्हारा यह निर्णय जानकर हमें हार्दिक प्रसन्नता हुई है राजा भोज! हम इसी के साथ तुम्हें यह बताना चाहती हैं कि आज से हम भी पूर्णत: मुक्त हुईं। आज से यह सिंहासन पुतलियों से रहित हो जाएगा।

राजा भोज! यह भी सुनो कि यद्यपि तुम पूर्णरूपेण महाराजा विक्रमादित्य जैसे गुणों से विभूषित नहीं हो, लेकिन आंशिक रूप से तुममें उन जैसे गुण अवश्य हैं।

तुम उन्हीं गुणों के प्रताप से इस दिव्य सिंहासन के दर्शन का पुण्य पा सके हो। हमारा आशीर्वाद है राजा भोज कि जब तक इस

विश्व में महाराजा विक्रमादित्य का नाम रहेगा तब तक उनके साथ तुम्हारा नाम भी लिया जाएगा।

हम तुम्हें यह भी बता देना आवश्यक समझती हैं कि इससे पुतलियों के निकल जाने के उपरांत इस सिंहासन की आभा (चमक-दमक) न केवल क्षीण हो जाएगी, बल्कि इस सिंहासन को विषम परिस्थितियों से गुजरना होगा, इसकी बड़ी दुर्दशा होगी।

शायद हमारी बातों पर तुम्हें आश्चर्य हो रहा होगा लेकिन यह प्राकृतिक नियम है कि बाल्यकाल के उपरांत युवाकाल आता है, उसके बाद वृद्धावस्था तथा अंत में मृत्युकाल आता है। इस पृथ्वी पर जो भी आता है, उसे इन चारों स्थितियों से अवश्य गुजरना पड़ता है। अतः प्रकृति के नियम के अनुसार इस दिव्य सिंहासन को भी चारों स्थितियों से गुजरना पड़ेगा। अच्छा राजन्! हम सभी पुतलियाँ जाने से पूर्व एक बार यही कामना करती हैं कि तुम्हारा राज्य सुखी-संपन्न रहे, प्रजा को कोई कष्ट न हो, कल्याणकारी फसलें सदा लहलहाती रहें।"

इस प्रकार राजा भोज को आशीर्वाद देकर दिव्य सिंहासन की सभी पुतलियों ने अपने-अपने हाथ हवा में लहराए और उन्मुक्त गगन की ओर उड़ चलीं।

राजा भोज एवं सभी दरबारीगण इस दृश्य को तब तक देखते रहे जब तक कि सभी पुतलियाँ उनकी आँखों से ओझल न हो गईं।

इसके बाद राजा भोज ने अपने निर्णय के अनुसार अपने कर्मचारियों को बुलाया।

"इस दिव्य सिंहासन को सम्मानपूर्वक उसी स्थान पर पहुँचा दिया जाए जहाँ से इसे खोदकर निकाला गया था।"

"जो आज्ञा महाराज!" कर्मचारियों ने कहा।

काफी गहरा गड्ढा खोदा गया ताकि उसमें दिव्य सिंहासन को आराम से उतारा जा सके। जैसे ही शुभमुहूर्त में सिंहासन को गड्ढे में उतारा जाने लगा, दर्शनार्थ श्रद्धालुओं की भीड़ उमड़ पड़ी। ऐसा प्रतीत होता था मानो पूरा उज्जैन ही उस स्थान पर एकत्रित हो गया हो।

राजा ने विद्वान पुरोहितों, मंत्रियों एवं जनता की मौजूदगी में उस सिंहासन को सम्मानपूर्वक उठवाया तथा वेदमंत्रों के उच्चारण के दौरान धीरे-धीरे गड्ढे में उतार दिया गया।

□